동남아시아의 역사

Thinking Power Series - World History Collection 16
Southeast Asia: A Short History

Written by Hwang, Eunshil.
Published by Sallim Publishing, 2023.

생각하는 힘 – 세계사컬렉션 16

동남아시아의 역사

성큼 가까워진 이웃

황은실 지음

살림

중국

광저우

홍콩

미얀마
(버마)

하노이

루앙프라방

치앙마이

라오스

하이난섬

비엔티안

양곤(랑군)

태국

후에

인 도 차 이 나 반 도

베트남

방콕

캄보디아

남

프놈펜

호찌민(사이공)

중

해

반다아체

아체

말레이시아

브루나이

쿠알라룸푸르

사라왁

믈라카

싱가포르

수마트라섬

보르네오섬

인

도

네

자바해

인 도 양

자카르타

수라카르타

반둥

욕야카르타

자바섬

성큼 가까워진 동남아시아

인도네시아의 발리, 싱가포르, 베트남의 다낭, 태국의 방콕과 아유타야, 캄보디아의 시엠립….

우리에게 아주 익숙한 동남아시아의 휴양지 이름들이다. 해외여행이 활발해지면서 많은 사람들이 한번쯤은 동남아시아를 방문해 보았거나 그곳을 여행할 계획을 세우곤 한다.

우리 한국인들에게 동남아시아는 어떤 곳일까? 아름다운 야자수와 에메랄드빛 바다, 열대 우림이 펼쳐져 있고, 한국과 그리 멀지 않아 비교적 저렴한 가격에 여행을 즐길 수 있는 곳? 베트남이나 필리핀에서 시집와서 한국 남자와 가정을 이룬 신부? 꿈을 품고 인도네시아나 캄보디아에서 건너온 노동자들의 고향? 아니면 한국의 여러 기업들이 풍부한 자원과 값싼 노동력에 이끌려 진출한 기회와 가능성의 땅?

이 가운데 어떠한 이미지로 동남아시아를 접했든, 최근 우리 사회에서 동남아시아는 점점 더 큰 비중을 차지해 가고 있고, 우리에게 익숙하고도 가까운 지역이 되어 가고 있다. 흥미롭게도 한국 드라마와 K팝 등의 영향으로 동남아시아에서도 한국이 더 알고 싶은 친숙한 나라가 되었다. 많은 한국인들이 동남아시아로 여행을 떠날 때, 동남아시아 나라의 국민들 역시 한국과 한국 문화를 알기 위해 한국을 여행하고, 자국 내에서도 한국 문화를 적극적으로 소비하고 있다. 취미로 또는 직업과 업무를 위해 한국어와 한국 문화를 배우고, 보다 전문적으로 공부하기 위해 한국으로 유학을 오는 이들도 늘어나면서 동남아시아와 한국의 교류는 점점 활발해지고 있다.

동남아시아는 한국인들에게뿐만 아니라 세계적으로도 중요한 위치를 차지하고 있다. 통계 사이트 월드오미터(Worldometer)에 따르면 동남아시아의 인구는 2023년 상반기 현재 약 6억 8천만 명이고, 동남아시아 경제권의 규모는 중국, 인도에 이어 세계

3위에 해당한다. 이는 동남아시아가 풍부한 노동력을 갖추고 있음과 동시에 잠재적인 시장으로서 막대한 가치를 지니고 있음을 의미한다.

1967년 창설된 동남아시아국가연합(ASEAN, 아세안)은 현재 동남아시아 10개국(인도네시아, 말레이시아, 필리핀, 싱가포르, 태국, 브루나이, 베트남, 라오스, 미얀마, 캄보디아)을 회원국으로 하고 있다. 아세안은 1997년 창설 30주년 기념 정상회의에 한국과 중국, 일본을 초청하여 '아세안+3' 회의를 개최하며 동아시아 국가들과의 협력을 추구하고 있다. 한국 기업들뿐 아니라 많은 글로벌 기업들이 동남아시아 국가들에서 치열하게 경쟁하고 있다. 우리 정부도 아세안 회원국들에 유상, 무상의 원조를 제공하며 친밀한 관계를 구축하려 노력하고 있다.

글 맨 앞에 언급한 지역들은 동남아시아의 유명한 관광지인 동시에 각국의 유구한 역사와 흥망성쇠, 역동적인 문화의 발전을 보여 주는 곳들이다. 동남아시아를 경험할 때 눈앞의 아름다운 자연 환경과 독특한 문화만을 즐기는 것이 아니라, 그곳 나라들과 사람들이 어떻게 독창적이고 역동적으로 왕국을 발전시키고 시련을 겪고 나라를 재건하고 문화를 만들어 왔는지를 알고

본다면 그들의 현재를 더 잘 이해하고 그들과 공감할 수 있을 것이다. 특히 최근 일어나고 있는 여러 가지 사건들―미얀마의 군부 쿠데타 및 로힝야족 문제, 태국과 캄보디아의 사찰 분쟁, 말레이시아 북부와 태국 남부의 종교 갈등, 캄보디아와 베트남의 민족 감정 등―을 이해하려면 동남아시아의 유구한 역사의 흐름을 알아야 한다. 이 책을 통해 그 지역들을 포함한 동남아시아에 대한 우리의 이해가 한층 확장되기를 기대한다.

마지막으로 이 책은 그동안 축적된 국내외 연구자들의 연구를 바탕으로 씌어졌다. 비록 동남아시아 역사를 전공했지만 10개국의 긴 역사를 한 권의 책 안에 담기에는 저자의 역량 부족으로 오류와 부족함이 많을 것임을 미리 고백하고 싶다.

2023년 8월

황은실

차례

제3장 발전과 시련 (1300~1800년)

제4장 서양과의 조우 (1800~1900년)

제5장 식민 지배, 독립, 국가 건설(1900~1980년)

제1장

동남아시아를 찾아서

• 대륙부 동남아시아 나라들을 이어 주는 메콩강

• 동과 서, 대륙과 해양을 잇는 요충지 말라카 해협

01

지리적 특징

동남아시아(Southeast Asia)라는 말을 처음 쓴 것은 제2차 세계대전 때, 일본을 상대로 싸우는 연합국이 군사 작전의 편의상 이 지역을 동남아시아로 묶어 부르면서부터다. 이후 이 지역을 하나로 묶어 연구하려는 추세는 더욱 확대되었고, 1967년 아세안이 출범하면서 이 나라들이 위치한 지역을 '동남아시아(동남아)'로 분류하는 것이 일반적이 되었다.

동남아시아로 불리기 전에도 이 지역은 한데 묶여서 불리기도 하였다. 예를 들어 중국에서는 대륙부 동남아시아를 '남만(南蠻)'으로, 해양부 동남아시아는 '남양(南洋)' 또는 '남양군도'라 불렀다. 동남아시아 연구자들은 나라들 간의 교류와 상호작용을 통해 이 지역 전체가 역사적, 문화적, 정치적으로 많은 특징들을 공유하고 있음을 알아냈다. 그러면서도 이 지역을 세부적으로 자세히 살펴보면 각 지역의 독특성과 다양성을 쉽게 찾아낼 수 있다. 동남아시아의 이러한 공통성과 다양성은 이 책을 꿰뚫는 키워드 중 하나다.

위치와 기후

동남아시아는 대륙에 속하는 인도차이나반도와 말레이반도, 그리고 섬 지역들인 필리핀과 인도네시아를 포괄하는 지역이다.

• 싱가포르 앞바다

제1장 동남아시아를 찾아서

지형적으로는 고산 지대와 저지대, 그리고 땅 사이를 가로지르는 바다가 펼쳐져 있다.

인도차이나반도는 중국의 남쪽, 인도의 동쪽에 해당하며 가장 동쪽의 베트남부터 캄보디아, 라오스, 태국, 미얀마가 포함된다.

말레이반도는 북쪽의 미얀마에서 시작하여 남쪽으로 내려오면서 태국, 말레이시아, 그리고 가장 남단에 도시국가 싱가포르가 위치해 있는 반도이다.

필리핀은 남중국해의 오른편에 위치한, 7,000여 개의 섬으로 이루어진 나라이다.

말레이시아와 필리핀 남쪽의 적도 일대에 자리한 인도네시아

는 1만 3,000여 개의 섬으로 구성된 세계 최대의 섬나라이다.

동남아시아는 열대 기후 지역에 속하여 연중 고온다습하다. 열대 기후 하면 떠오르는 야자수와 열대우림(정글)을 흔히 볼 수 있다. 나라마다 시기는 다르지만 1년은 대체로 건기와 우기로 나뉜다. 건기 중에도 스콜(열대성 폭우)이 종종 내려 강우량은 일 년 내내 풍부한 편이다.

인도네시아의 서부부터는 일명 '불의 고리'라 불리는 화산 지대에 속한다. 말레이반도와 보르네오섬, 인도네시아 수마트라섬 동부의 화산 지대는 활동이 없지만, 서부 수마트라를 지나서 자바와 발리, 말루쿠 지역, 더 위로 술라웨시와 필리핀에서 일본에 이르기까지는 여전히 화산이 활동 중이다. 인도네시아에만 약 120개의 활화산이 있다.

동남아시아의 지리와 기후는 이곳 사람들의 삶의 방식과 사회, 정치, 경제 여러 부분에 큰 영향을 미쳤다. 풍부한 강우량과 연중 더운 기후는 벼농사에 유리한 환경을 만들어 주었다. 땅 사이사이에 있는 바다 덕분에 일찍부터 사람들의 이동과 교류가 활발하였다.

대륙부 동남아시아 국가들 대부분에는 크고 유속이 느린 하천이 있고, 강의 하구에는 거대한 충적 평야가 발달해 있다. 미얀마의 이라와디강과 살윈강, 태국의 짜오프라야강, 라오스와 캄보디아, 베트남을 거쳐 흐르는 메콩강 등이 그 예이다. 이 강들의 하구에 발달한 평야 지역에서 사람들은 일찍부터 벼농사를 지어왔다. 1년에 1모작, 기껏해야 2모작이 고작인 북쪽 지역에 비해 이 지역은 최대 4모작까지 가능해서 풍부한 양의 쌀을 생산할 수 있다. 지금도 동남아시아 지역은 중국과 인도의 뒤를 잇는 세계적인 쌀 생산지이며 태국과 베트남 등은 전 세계로 쌀을 수출하고 있다. 우리가 요즘 즐겨 먹는 쌀국수도 이 지역에 쌀이 풍부한 덕분에 생긴 음식 문화다.

벼농사의 발전은 많은 인구의 부양을 가능하게 하였다. 또한 더운 기후에서 땅에서 올라오는 열과 벌레 등을 피하기 위한 주상 가옥도 발달하였다.

1년 내내 더운 날씨와 풍부한 먹을거리 덕분에 동남아시아 사람들은 북쪽 사람들처럼 추운 겨울에 살아남기 위해 치열하게 경쟁할 필요가 없었다. 필리핀이나 베트남 시골에 살던 사람들은 어릴 때 바나나, 아보카도, 망고 등의 과일을 흔하게 먹은 기억을 이야기한다. 벼 외에도 다양한 열대 작물이 자라는 자연 환경 덕분이다.

반면, 더운 날씨로 인해 일할 수 있는 시간이 제한적이고, 낮잠

· **캄보디아의 주상 가옥**

을 자는 관습도 있다. 싱가포르에서는 건설 및 도로 공사 현장에서 점심 식사 후 노동자들이 길에서 낮잠을 자는 모습을 흔히 볼 수 있다. 연중 낮 기온 35도 안팎의 더위에서 낮잠을 자야만 신체 컨디션을 유지하면서 일할 수 있기 때문이다. 그러나 19세기 이후 동남아시아 지역에 진출한 유럽인들은 이것을 보고 동남아시아인들이 게으르고 열심히 일하지 않는다고 오해하였다. 기후에서 비롯된 삶의 방식을 이해하지 못했기 때문이다.

유럽인들은 동남아시아에 식민지를 건설하면서 부지런한 중국인과 인도인들을 대거 데려왔고, 그 결과 중국인과 인도인들은 오늘날 동남아시아 사회를 이루는 주요 구성원이 되었다. 새로운 이민자들은 기존의 동남아시아 원주민들과 때로는 부딪치고 경쟁하면서 동남아시아의 일부분으로 동화되어 왔다.

대륙부 동남아시아와 해양부(도서부) 동남아시아

동남아시아 역사 연구자들은 "바다는 하나로 만들고 땅은 나눈다(The seas unite, the land divides)"라고 말하곤 한다. 동남아시아의 역사를 살펴보면 바다를 통해 여러 민족들과 왕국들이 활발히 교류하고 인력과 물자 및 문화가 전파되어 온 반면에, 육지는 여러 왕국들로 나뉘고 또는 열대 우림으로 고립된 지역들이 많기 때문이다. 서양 및 다른 지역의 역사에서는 바다가 지역이나 국가를 가르는 경계선이 되는 경우도 많은데 동남아시아에서는 오히려 육지는 나뉘고 바다를 통해 이어진다는 점이 흥미롭다.

연구자들은 동남아시아를 크게 유라시아 대륙의 일부인 '대륙부 동남아시아(Mainland Southeast Asia)'와 해안 지대 및 섬으로 이루어진 '해양부(또는 도서부) 동남아시아(Maritime, Insular 또는 Island Southeast Asia)'로 나눈다. 대륙부 동남아시아는 인도차이나반도와 말레이반도의 북단을 일컫는데, 베트남·캄보디아·라오스·태국·미얀마가 속해 있다. 해양부 동남아시아에는 말레이반도에 위치해 있는 말레이시아 및 반도의 가장 남쪽 끝에 위치한 싱가포르, 그리고 인도네시아·필리핀·브루나이 등의 도서(島嶼) 국가들이 속한다.

대륙부와 해양부 동남아시아의 구분은 지리적 여건 차이에 기인한 지역 특성을 반영한 결과이다. 사실 동남아시아는 대륙부, 해양부 할 것 없이 일찍부터 해안 지역을 중심으로 교역과 상업이 발달하였다. 그런데 이러한 특징이 해양부 동남아시아에서 더욱 두드러진다. 해양부 동남아시아의 커다란 섬들의 내륙은 정글로 덮여 있어 섬 안에서 이동이 쉽지 않았다. 더구나 많은 섬들이 드넓은 바다에 흩어져 있어서 섬의 거주민들은 각자 고유한 종교, 언어, 문화 및 삶의 방식들을 간직하며 살아왔다. 그러나 동시에 바다는 많은 작은 공동체들을 연결하여 섬 지역들 간의 교류를 가능하게 하였다. 섬 거주민들은 일찍부터 보트를 주요 이동 수단으로 활용하여, 수마트라섬·자바섬·보르네오섬 사람들 간에 바다를 통한 활발한 교류가 이루어졌다. 바다는 부(富)의 원천이자 교통수단이었고, 전쟁과 해적 활동이 일어나는 곳이기도 하였다. 해양부에 속하는 말레이시아와 인도네시아에는 일찍부터 무역의 거점이 생겨났고, 이러한 교역을 바탕으로 부를 일구고 무역을 관리하는 왕조들이 잇따라 생겨났다.

대륙부 동남아시아에서는 중국 남서부나 인도 북부에서 발원한 메콩강, 홍강, 짜오프라야강, 살윈강, 이라와디강 등의 거대한 강들이 북쪽에서부터 흘러 남쪽에 넓고 비옥한 평야를 이룬다. 이는 이 지역에 수리(水理)와 관개(灌漑)를 통제하는 왕국들이 일찍부터 생겨나는 데 크게 기여하였다.

대륙부 동남아시아 국가들은 대륙에 속했을지라도 대체로 해안선이 길게 발달되어 있다. 이들은 대외 교역에 적극 참여하였으며 일부 지역은 교역의 중심지로 발전하곤 하였다. 또한 대륙부 사람들은 섬 지역과도 빈번히 교류하였다. 넓고 비옥한 강 유역들은 열대 우림으로 둘러싸인 산과 고원 때문에 내륙 지역과 분리되고 오히려 바다를 통해 해양 지역과 연결되었기 때문이다.

종교적인 측면에서는, 대륙부 동남아시아에는 대체로 불교가 널리 전파되어 주된 종교로 자리 잡은 반면, 해양부 동남아시아에서는 필리핀을 제외하고 이슬람교가 널리 수용되었다. 대륙부와 해양부는 공통적으로 일찍부터 인도 문화의 영향으로 힌두교의 영향을 크게 받았고, 그 후 불교 역시 적극적으로 수용하였다. 동남아시아 전역에 힌두교와 불교의 문화 유적들이 퍼져 있는 것은 이 때문이다. 그러나 해양부 동남아시아 지역은 무역을 통해 이슬람교 상인들과 활발히 접촉하면서 이슬람교를 접하고 받아들이게 되었고, 그 영향이 오늘날까지 이어지고 있다.

대륙부와 해양부는 언어 계통도 다르다. 대부분의 대륙부 국가들에서는 오스트로아시아어족이 주요 종족을 구성하였으나 말레이와 인도네시아, 필리핀의 언어는 오스트로네시아어족에 속한다.

해양 교역과 인기 만점 향료·자원

동남아시아에서는 일찍부터 바닷길을 통해 자연스럽게 인도 및 중국과 교류가 이루어졌다. 동남아시아 지역은 중국과 인도의 중간에 위치할 뿐만 아니라 남중국해와 태평양 및 인도양이 만나는 해양 요충지이기도 하다. 또한 무역풍 지대에 속하여 주기적으로 바뀌는 바람을 이용해 무역선들이 동서를 오갈 수 있었다. 이러한 지리적, 기후적 여건을 바탕으로 동남아시아는 일찍부터 동서양 무역의 중계지로 발전할 수 있었다. 남중국해와 인도양에서 부는 무역풍으로 인해 동쪽 중국의 남서부에서 출발한 배와 서쪽 인도의 남동부에서 출발한 배가 말레이반도에서 만날 수 있었다.

상인들은 이곳에서 상품을 교역하고, 계절이 바뀌어 바람 방향이 반대로 바뀌면 고향으로 돌아갔다. 이 바닷길을 통해 말레이와 인도네시아에 거주하던 오스트로네시아인은 중국 해안에서 자라는 계피를 얻고, 이는 인도를 거쳐 유럽에까지 전해졌다. 인도네시아 동부의 말루쿠 제도에서 생산된 정향이 3,700년 전 메소포타미아에까지 들어간 것이 발견되기도 하였다.

역사적으로 유럽 각국의 적극적인 관심을 특별히 끈 것은 이 지역의 향료와 향신료이다. 이제는 흔한 향신료인 후추를 비롯하여 고급 향료인 정향, 육두구, 육두구의 껍질인 매스 등을 얻기 위해 상인들은 동남아시아로 향하였다. 후추는 동서 교역의 주요 물품 중 하나로 유럽의 상인들은 아시아의 후추를 교역하고자 노력하였다. 후추의 산지는 아시아에 넓게 퍼져 있지만, 향료는 주로 인도네시아 동쪽의 말루쿠 제도에서만 생산되었다.

중세 유럽에서 향료와 향신료는 아주 값비싼 상품이어서 부자들만 사용할 수 있었다. 유럽의 권력자들은 이를 많이 사용함으로써 권력과 부를 과시하곤 하였다. 포르투갈의 상인들이 일찍이 동서 교역에 눈을 돌려 인도의 고아와 말레이시아의 말라카에 진출한 것도 이 후추를 비롯한 향신료와 향료 때문이었다. 초기에는 포르투갈의 상인들이 후추를 무사히 유

· 육두구

럽에 가져가면 85~152퍼센트의
이윤을 얻을 수 있었다고 한다.

• 정향

향신료와 향료 외에도 고산
지대에서 생산되는 코뿔소 뿔,
침향, 장뇌 등의 약재 및 풍부한
임산물들도 동남아시아의 주요 수출품이었다.

동남아시아에는 산림 자원도 풍부하여 일찍부터 서양 열강
이 동남아시아 왕국들과 접촉하여 티크 등 질 좋은 목재를 수입
하고자 하였다. 고무와 주석, 철광석뿐만 아니라 석유와 천연가
스도 생산된다. 이러한 지하자원들은 서양 열강이 동남아시아에
식민지를 건설한 이유 중의 하나이다. 유럽 각국은 동남아시아
에 진출한 후 플랜테이션을 건설하여 이러한 천연자원들을 적극
적으로 생산, 확보하고자 하였다.

바닷길을 활발히 오고가는 상인들은 문화의 주요 전달자들이
었다. 상인들의 이주와 원주민과의 결혼을 통해, 그리고 힌두교
와 불교의 성직자들을 통해 중국과 인도의 문명이 동남아시아에
활발히 전해졌다. 동남아시아 사람들은 이러한 선진 문명을 적
극적으로 받아들여 정치, 경제, 문화, 종교를 비롯한 일상생활의
일부로 삼았다.

02

동남아시아 사회

종족과 언어

동남아시아는 문화뿐만 아니라 종족 구성 및 언어 역시 다양하고 복잡하다. 현재 동남아시아의 대부분의 국가들은 다민족 국가이다. 평야 지대에 주 종족이 거주하고 고산 지대에 다른 언어 계통의 종족이 거주하는 것이 보통이다.

예를 들어 미얀마에서는 고산 지대뿐 아니라 강의 하류 지역에도 소수 민족이 거주하며 오랫동안 주 종족인 버마인들과 경쟁해 왔다. 그 결과 주 민족인 버마족은 전체의 60퍼센트를 조금 넘을 뿐이다.

베트남은 주 종족인 킨족(비엣족)을 포함한 54개의 민족으로 이루어져 있다.

그렇다면 왜 동남아시아 국가들은 우리나라처럼 단일 민족으로 구성되어 있지 않고 복잡할까?

동남아시아는 해상 교통의 요지이고 지역 내에서도 바다를 통해 이동이 쉬웠던 만큼 외부로부터나 내부적으로 오래전부터 활발한 인구 이동이 이루어져 왔다.

먼저, 중국에서 동남아시아 지역으로 수천 년 전부터 오랜 시간에 걸쳐 꾸준한 인구의 이동이 있었다. 역사적으로 한족이 지배하는 중국이라는 나라의 국경이 지금처럼 된 것은 사실 그리 오래되지 않았다. 과거 중국의 국경은 지금보다 훨씬 북쪽에 위치해 있었고, 현재 중국 남부 지역은 과거에는 오히려 언어적, 문화적으로 동남아시아 지역과 많은 것을 공유하였다. 중국에서 이주한 사람들은 오늘날 대륙부 동남아시아의 태국·라오스·베트남 등지에 정착하였다.

인도에서도 사람들이 인도양을 건너, 또는 인도와 육지로 연결된 미얀마 방면의 육로를 통해 동남아시아로 이주하였다.

또한 동남아시아 지역 내에서도 활발한 인구 이동이 있었다. 동남아시아인들은 인도차이나반도와 말레이반도 등 대륙 내에서, 또한 바닷길을 통해서 다른 섬으로 이동하며 새로운 곳에 정착하였다. 이 과정에서 삶의 터전을 바꾸고 새로운 문화를 가져가고 받아들이며, 기존의 문화와 융합하는 일이 흔히 일어났다.

동남아시아의 복잡한 종족 구성을 이해하기 위해 학자들이 찾은 방법은 동남아시아 사람들이 사용하는 언어를 추적하는 것이었다. 물론 같은 언어를 사용한다는 것이 같은 종족이라는 것을 의미하지는 않는다. 시간이 흐르면서 다른 언어를 받아들이고, 그 과정에서 사용하는 언어가 바뀔 수도 있기 때문이다. 그럼에도 긴 관점에서 보면 같고 다른 언어를 사용하는 집단을 추적함으로써 종족의 이동을 이해할 힌트를 얻을 수 있다.

동남아시아의 언어 구성은 크게 다섯 계통으로 나눌 수 있다.

오스트로아시아어족은 몬·크메르 어족이라고도 하며 베트남과 캄보디아, 몬족(미얀마와 태국에 걸쳐 사는 소수 민족)이 여기에 속한다.

오스트로네시아어족에는 인도네시아와 필리핀 언어가 속한다.

타이어족은 중국과 베트남의 국경 지대부터 인도 북동부의 아삼 지역에 걸쳐 있다. 태국·라오스·베트남·미얀마의 고산 지대 소수 민족 언어가 여기에 속한다. 지금도 태국과 라오스의 언어는 비슷한 부분이 많아서 그들은 쉽게 상대방의 언어를 이해할

• 라오스 고산 지대의 몽족

수 있다.

티베트·버마어족은 미얀마와 인도차이나반도 북부 고산 지대 소수 민족을 포함한다.

마지막으로 몽·미엔어족은 중국에서 이주하여 베트남·라오스·태국의 고산 지대에 정착한 후손들이 사용하고 있다.

어족의 분포에서 볼 수 있듯이, 한 나라 안에서도 고산 지대에 사는 종족들의 언어가 평야 지대에 거주하는 주요 종족의 언어와 다른 경우가 흔하다. 또한 같은 언어를 사용하는 종족이 여러

나라의 고산 지대에 걸쳐 있기도 해서 이들이 고산 지대를 따라 여러 지역으로 활발히 이동했음을 짐작할 수 있다.

그 결과 동남아시아의 고산 지대와 저지대는 지리적으로만 다른 것이 아니라 정치적, 경제적, 그리고 많은 경우 종족적 차이까지 나타낸다. 베트남의 라데, 보르네오의 다약인들, 라오스의 몽족과 같은 고지대인들은 화경(火耕) 농법을 하며, 한곳에서 몇 년간만 머문 후 다른 곳으로 떠나는 유목 생활을 하였다. 대부분의 산악 사회에는 중앙집권적인 정치적 권위는 존재하지 않았고 그 지역에 넓게 분포하는 씨족으로 인식되었다.

동남아시아 고산 지대를 설명하는 말로 '조미아(Zomia)'라는 새로운 단어가 있다. 베트남 중부부터 북부 인도에 이르는, 대체로 해발 300미터 이상의 고지대를 일컫는 말이다. 조미아 지역은 베트남, 캄보디아, 라오스, 태국, 미얀마의 5개국과 중국 남서부의 윈난, 구이저우, 광시, 쓰촨 지역에 걸쳐 있고 이곳에 거주하는 인구는 1억에 가깝다. 지난 2,000년간 이 지역은 저지대의 중앙집권화 과정에서 이루어지는 노예화, 세금, 강제 노역 또는 전쟁과 전염병을 피해서 도망치면서 이루어진 피난처 역할을 하였다. 미국의 인류학자 제임스 스캇에 따르면, 저지대 중앙집권 국가들이 정치적으로는 이 고지대인들을 지배했지만 그들의 문화와 예술은 결코 지배하지 못하였다고 한다.

영토보다 인구

우리나라는 한반도라는 지정학적 특징과 중국 문화의 영향으로 일찍부터 영토와 국가 개념이 발달하였다. 그러나 위에서 보았듯 동남아시아에서는 삶의 터전을 찾아 다른 지역, 다른 섬으로 이동하고 정착하는 일이 빈번하였다. 만약 한 지역에 이미 정착해 있는 인구가 많았다면 인구 이동에 어려움이 있었겠지만, 과거 동남아시아는 아시아의 다른 지역들에 비해 인구 밀도가 현저히 낮았다. 예를 들면 1600년대 중국과 인도에서는 1평방킬로미터당 대략 35명의 인구가 거주하였으나, 같은 시기 동남아시아의 인구 밀도는 5.5명에 불과했을 것으로 추정된다. 이처럼 땅은 드넓은 데 비해 사람 수가 적었기에, 지배자들에게는 얼마나 많은 영토를 지배하느냐가 아니라 얼마나 많은 인구를 지배하느냐가 더 중요한 문제였다. 동남아시아에서 전쟁은 영토를 위한 전쟁이기도 했지만, 동시에 더 많은 노동력을 얻기 위한 싸움이기도 하였다. 따라서 전쟁 후 정복한 사람들을 죽이기보다는 노예로 끌고 가서 더 많은 노동력을 확보하고자 하는 것이 보통이었다.

이러한 사회에서 지배자가 영토를 통치하는 데는 시스템보다 개인적인 지배-피지배 관계가 중요하였다. 즉, 지배자는 피지배자에게 안전을 제공하고, 피지배자는 자신의 이익에 따라 기존의 동맹을 파기하고 다른 지배자와 새로운 동맹 관계를 맺기도 하였다. 또한 지배-피지배 관계는 단선적으로 설명할 수 없고 여러 관계가 중첩되기도 하였다. 예를 들면 한 소규모 왕국이 주변의 여러 큰 왕국들에 조공을 보내면서 동시에 여러 왕국들의 영향 아래 있기도 하였다.

이러한 신축적인 영토 개념은 후일 서양 열강이 이 지역을 식민지화할 때 오해와 충돌을 가져왔다. 서양 열강은 조약과 명확한 지리적 개념을 바탕으로 왕국을 통제하고 영향력을 행사하려 하였으나, 동남아시아 왕국들에서는 한 지역의 여러 지배 관계가 중첩되는 것이 당연한 개념이었기 때문에 기존의 통제권과 외교 관계를 유지하면서 서양 열강의 지배를 받아들이고자 하였다.

또한 베트남을 제외한 동남아시아 다른 국가들에서 국경이란 '영향력이 미치는 곳까지'라는 느슨한 개념일 뿐 서양처럼 정확히 지도에 선을 그은 것이 아니었다. 그들의 국경은 대부분 서양 열강이 동남아시아에 진출한 후 조약에 의해 정해졌다. 서양 열강은 이 조약을 절대적인 것으로 인식하였지만, 동남아시아인에게는 기존의 관계 위에 새로운 조약을 추가한 것에 불과하였다. 이러한 인식의 차이와 그로 인한 오해와 충돌로 인해 분쟁과 전쟁이 불가피해졌다.

"쌀 없이는 아무것도 없다"

동남아시아 전원 풍경을 찍은 사진들에서는 드넓게 펼쳐진 논과 그 위에서 일하는 농부들, 아니면 필리핀 같은 계단식 농경지들을 흔히 볼 수 있다. 오래된 말레이 속담에 "쌀 없이는 아무것도 없다"라는 말이 있다. 우리나라를 비롯한 대부분의 아시아 지역과 마찬가지로 동남아시아에서도 쌀이 사람들의 생활에서 가장 중요한 부분을 차지하고 있었음을 이 속담에서 엿볼 수 있다.

고고학적 발견에 따르면 기원전 8000년경부터 북부 베트남에서 식물을 재배하기 시작했을 것으로 추정된다. 이는 세계 4대 문명 중 하나인 메소포타미아 문명과 거의 비슷한 시기에 소수의 동남아시아인 역시 쌀 재배를 시작했음을 의미한다. 쌀 재배에 관한 지식은 인구 이동을 통해 중국 남부로부터 동남아시아 북부를 거쳐 점차 홍강, 메콩강, 이라와디강 등 유역으로 천천히 전파되었다. 기원전 3000년경에 이르면 쌀 재배가 좀 더 보편화

• 물소로 논을 경작하는 모습

• 필리핀의 계단식 논

되고, 벼농사 이외에 바나나, 얌 등의 작물 재배와 닭과 돼지 등의 가축 사육도 시작되었다. 논을 경작한 주요 동력은 물소였다.

동남아시아의 우기 동안 내리는 비는 홍수를 일으켰는데, 홍수는 땅에 양분을 공급하고 잡초를 제거하는 역할을 하였다. 그래서 동남아시아 사람들은 특별히 거름(비료)을 줄 일 없이 수세기 동안 같은 땅을 경작할 수 있었다. 인도네시아의 발리와 자바, 그리고 북부 필리핀에서는 산비탈에 계단식으로 농경지를 일구기도 하였다.

제2장

고전 왕국들의 형성
(~1300년)

• **고전왕국 시대의 동남아시아**

03

고대의 동남아시아

1891년과 1930년대 인도네시아의 자바섬에서 호모 에렉투스의 뼈가 발견되었다. 이를 '자바 원인'이라 부르는데, 중국에서 발견된 베이징 원인과 함께 호모 에렉투스를 대표한다. 자바 원인의 키는 남성이 160센티미터 정도이고 직립 보행을 한 흔적이 있다. 발견된 뼈와 사용한 도구들은 호모 에렉투스가 150만 년 전이나 더 이른 시기에 동남아시아에 널리 퍼져 나갔음을 보여 준다. 또한 자바와 보르네오에서 발견된 호모 사피엔스(Homo sapiens)의 뼈와 도구들은 현생 인류가 늦어도 4만 년 전에 동남아시아에 정착했음을 알려 준다.

오스트로네시아 언어 집단은 기원전 1000년 이전에 필리핀 북부와 인도네시아 서부 지역에 자리를 잡았다. 그들은 일찍부터 외부 세계와 교류하였는데, 기원전 500년경에 인도와, 그리고 기원전 400년경에는 중국과 교역하였고 동아프리카 해안까지 항해하였다. 이후 현지인들과 결혼을 통해 동부 아프리카의 거대한 섬인 마다가스카르에 정착하여 그들의 후손들이 오늘날 섬 인구의 다수를 차지하고 있다. 어떤 오스트로네시아인들은 태평양으로 항해하여 미크로네시아인이 되기도 하였다. 이들의 이주와 정착을 통해 현재의 폴리네시아 문화에는 오스트로네시아의 요소들이 섞이게 되었다.

금속 문화의 발전: 반치앙 유적과 동썬 문화

1966년 여름, 미국 하버드 대학교에 재학 중인 스티브 영이라는 학생이 졸업 논문을 위해 태국 북부의 한 마을에 머물면서 집집마다 찾아다니며 현지인들의 정치적 의견을 조사하고 있었다. 영은 어느 날 길을 걷다가 넘어져서 바닥에 얼굴을 부딪쳤는데, 우연히 땅에 묻힌 토기 조각을 발견하게 되었다. 조사 결과 토기의 연대가 처음엔 4,000년 전의 것으로 밝혀져, 태국 및 국제 학자들에 의해 반치앙 지역의 발굴이 시작되었다. 이후 더 자세한

· 반치앙 유적에서 출토된 토기(왼쪽)와 동썬에서 출토된 청동 북 /위키피디아

연구를 통해 이 유적지의 연대는 기원전 2000~기원전 1500년 사이로 밝혀졌다. 미국의 〈뉴욕 타임스〉가 이를 "고고학에서 우연히 이루어진 가장 위대한 발견 중의 하나"라고 할 만큼, 반치앙 유적의 발견은 동남아시아의 선사 시대 생활상을 보여 주는 가장 중요한 발견 중 하나이다.

태국 북부의 반치앙 유적지는 동남아시아에서 가장 이른 시기의 선사 시대 농업과 거주를 보여 주는 유적지로 1992년 세계문화유산에 등재되었다. 이 유적지는 늦어도 기원전 1500년경부터 동남아시아에 정착한 농경 사회가 있었고, 수경(水耕) 농법 및 가축 사육이 이루어졌으며, 도자기와 청동기 제조 기술도 있었음을 보여 준다.

초기의 금속 장인들은 구리와 주석을 섞어 청동을 만들었고 후에는 철을 만들었다. 반치앙의 장인들은 대부분 여성이었는데, 금속을 이용하여 목걸이, 팔찌와 가정용품을 만들었다.

유적지에서는 매장지와 풍부한 도자기 및 금속제 부장품들도 출토되어, 경제적 풍요가 증가하면서 보다 복잡한 사회로 옮아 간 모습도 보여 준다.

기원전 1000~500년경부터 권력이 집중된 농경 사회가 이 지역에 출현하기 시작하였다. 거대한 규모의 정착지와 여러 가지 직업도 출현하였다. 매장 풍습도 생겨나고 보다 정교해졌는데, 이는 사회가 보다 복잡해졌음을 말해 준다. 많은 동남아시아인들은 죽은 사람을 거대한 항아리나 돌로 된 관에 넣어 장사지냈다. 이러한 과정은 여러 기술자들이 협력해야만 가능한 일이었다.

베트남 중북부의 동썬에서도 20세기 초에 청동으로 만든 거대한 동고(銅鼓)가 대량으로 발견되었다. 이 동고는 의식을 위해 쓰인 것으로 추정된다. 동썬에서는 동고 외에 청동으로 아름답게 장식한 팔찌, 목걸이, 귀고리 등도 함께 발견되었다. 이 지역

제2장 고전 왕국들의 형성

의 선사 문화를 동썬 문화라 한다. 동썬 문화는 기원전 500년경 발달한 것으로 추정되며, 출토된 유물들은 동남아시아 토착민들 사이에서 금속 가공 기술이 발전했음을 보여준다.

동썬 문화의 중심은 홍강 유역의 북부 베트남이었던 것으로 추정된다. 비슷한 동고가 베트남뿐만 아니라 캄보디아, 라오스, 태국을 비롯해 멀리 인도네시아의 자바섬과 발리섬까지 동남아시아 전역에서 발견되었다. 동고는 중국 남부와 구이저우, 쓰촨에서도 발견되어, 학자들은 동썬 유적을 발견하기 전에는 동남아시아의 청동기 문화가 중국에서 온 것으로 생각하였다. 그러나 동썬 문화의 발견으로 이 시기에 동남아시아에 독자적인 문화권이 존재하였음이 증명되었다.

동남아시아에서 청동 무기는 유라시아의 다른 지역들보다 상대적으로 적게 발견되었는데, 고고학자들에 따르면 당시까지 동남아시아에서 전쟁이 많지 않았기 때문이라고 한다.

동썬 문화와 비슷한 시기인 기원전 500년경에는 동남아시아에서 철기 문화도 시작된 것으로 보인다. 동남아시아인들은 철로 괭이나 창 같은 농기구와 무기, 반지나 팔찌 등 장식품을 만들었다. 철로 만든 무기가 보편화되는 한편 많은 마을들이 해자(垓子)를 두르기 시작하였는데, 이는 집단 간의 분쟁이 증가하였음을 의미한다.

복잡한 사회의 출현과 종교 관념의 탄생

인도와 중국의 기록, 비문과 고고학적 발견에 따르면, 기원전 200년경에 이르러 대륙부와 해양부 동남아시아의 정착지들은 보다 복잡한 사회로 발전하였다. 이에 따라 보다 정교한 정치 공동체들도 등장하기 시작하였다.

베트남은 기원전 1000~800년 사이에 나라를 건국하였는데, 이것이 동남아시아에서 가장 이른 시기에 출현한 국가이다. 기원전 3세기에는 거대한 건축물이 있는 도시가 건설되기 시작하였다. 현재의 하노이에 있었던 꼬 로아는 둘레가 8킬로미터에 이르는 성벽 도시였다.

도시들은 권력과 무역의 중심지로 발전하였다. 버마에서는 퓨족에 의해 기원전 2~1세기에 처음으로 도시가 건설되었는데 이 도시는 12개의 나무문을 통해서 들어갈 수 있었다고 한다.

종교적 관념도 탄생하였다. 동남아시아인들은 자연계의 모든 사물에 영적인 힘이 있다고 믿고 정령을 숭배하는 애니미즘 신앙을 가졌다. 그들은 산, 동굴, 강, 나무나 바위 등 특정한 지역이나 물건에 영적인 존재가 깃들어 있다고 믿었다. 예를 들어 버마인들은 '낫'이라는 정령이 집, 숲, 물, 공기 등 어디에나 존재한다고 여겼다. 지금도 동남아시아를 여행하다 보면 바위나 나무를 여러 색깔의 옷이나 막대기로 장식한 것을 종종 볼 수 있다.

자바인들은 그리스인과 마찬가지로 신과 여신, 신들의 집합체를 믿었다.

조상의 영혼을 숭배하는 풍습도 동남아시아 전역에서 발견할 수 있다. 타이인과 라오인을 제외한 동남아시아인들 대부분이 조상의 사진이나 조상을 모신 제단 등을 집안에 모셔 놓은 모습을 흔히 볼 수 있다.

또한 많은 동남아시아인들은 지역의 수호신을 숭배하였다. 가정, 마을, 도시, 나아가 국가에 이르기까지 수호신을 믿었다. 많은 태국인들의 마을에는 가족의 토지 위에 수호신을 모신 작은 사당이 세워져 있다.

동남아시아인들의 영혼 숭배는 조상과 영적인 힘을 가진 존재들과 소통하는 것까지도 포함하였다. 초자연적인 힘과의 소통은 샤먼(무당)을 통해서 이루어졌다. 샤먼은 대부분 여성이었는데, 남성일 경우라도 대부분 동성애자나 트랜스젠더로 여성의 성 정체성을 지녔다. 신의 성별도 여성인 경우가 많았다. 그런데 후일 외부에서 상좌 불교와 이슬람교, 기독교가 전파되면서 이러한 여성들의 역할이 점차 축소되고, 여기서 충돌이 발생하기도 하였다. 애니미즘과 샤머니즘 역시 외부에서부터 전래된 종교들에 의해 약화되고 희석되었다.

그럼에도 이러한 영적인 존재들에 대한 믿음은 새롭게 들어온 문화와 융합하면서 살아남아 지금까지 동남아시아인들의 문화, 종교, 생활 및 세계관에 큰 영향을 끼치고 있다.

인도 문화의 영향

동남아시아 사회의 특징 중 하나로 흔히 문화적 다양성을 꼽는다. 그럼에도 동남아시아 전역에서 공통적으로 발견되는 것 중 하나가 인도 문화의 영향이다. 동남아시아 왕국들의 건설에는 인도에서 들어온 종교 의식과 정치 관념이 큰 역할을 하였다.

인도 문화의 동남아시아 유입은 인도의 사제 계급인 브라만과 상인들이 동남아시아로 이주하면서 시작된 것으로 추정된다. 동시에 말레이를 중심으로 활발하게 바다에서 활동하던 동남아시아인들이 인도에서 그곳 문화를 접하고 동남아에 전파하였을 가능성도 크다.

인도의 상인들과 승려들, 동남아시아의 상인들은 인도 동부의 항구들과 동남아시아를 빈번히 항해하였다. 인도들은 여름 계절

풍을 따라 벵골만에서 버마로, 말레이반도로, 말라카 해협으로 향하였다. 동남아시아에 들어온 후 결혼 등을 통해 정착하여 인도의 종교와 문화를 전파하였다. 학자들은 이러한 과정을 '인도화'라고 부른다. 식민 시기 학자들은 동남아시아의 일부 지역이 인도의 식민지가 되어 지배를 받았다고 주장하기도 하였으나, 오늘날 이러한 견해를 받아들이는 것은 일부 인도 학자들뿐이고, 동남아시아의 인도화는 정복이나 식민지화 등으로 인한 것이 아니라 이주와 결혼을 통하여 이루어진 것으로 보는 것이 정설이다.

인도 문화는 대략 서력기원 초부터 동남아시아에 전파되기 시작하였고, 이후 이 지역은 1,000년간 인도의 힌두교와 불교의 영향을 크게 받은 것으로 추정된다. 이 시기 메콩 하류의 크메르인, 중부 태국의 몬인, 베트남 해안가의 참인, 자바섬의 자바인들이 인도와 경제적, 문화적으로 활발히 교류하였다.

동남아시아인들은 인도로부터 종교, 산스크리트어 등의 문자, 왕권의 개념 등 정치 사상, 정치 체제 등을 받아들였다.

산스크리트어는 신성한 문자였고, 기원후 첫 천년간 종교적인 유물들은 거의 모두 힌두교나 불교와 관련된 유물들이다. 산스크리트어로 새긴 인장과 비문이 동남아시아 전역에서 발견되었다. 가장 이른 것은 2~3세기까지 거슬러 올라가는데 베트남, 미얀마, 말레이시아, 인도네시아 등 각지에서 발견되는 것으로 보아 동남아 전역의 지배 계층이 산스크리트어를 이용하여 기록을 남겼음을 알 수 있다. 동남아시아의 많은 지명도 산스크리트어에서 기원한다. 예를 들면 말레이는 남인도어로 '산'이라는 뜻이고, 싱가포르는 산스크리트어로 '사자의 마을'이다.

가장 중요한 것은 인도의 종교적 관습을 받아들인 일이다. 힌두교와 불교는 모두 동남아시아에서 왕의 권위를 뒷받침하고 견고히 하는 역할을 하였다. 전설 속의 인도 브라만들은 동남아시아 통치자들에게 국가 통치 기술과 종교를 가르치는 역할을 하였다. 동남아시아의 통치자들은 힌두교의 시바신과 불교의 전륜성왕을 자신과 동일시하여 왕권을 신성화하였다. 동남아시아 불교는 특히 실론(현재의 스리랑카)의 영향을 크게 받았다. 인도는 이후에도 계속하여 동남아시아에 문화 및 종교를 전파하는 매개자 역할을 하였다.

이슬람교도 인도를 거쳐 인도네시아를 중심으로 동남아시아에 전파되었다. 그러나 인도네시아의 많은 섬들이 이슬람의 영향을 크게 받은 15세기 중엽까지도 자바는 계속하여 인도로부터 새로운 힌두 문자와 사상을 받아들였다. 발리섬도 오늘날까지

제2장 고전 왕국들의 형성

힌두교의 영향이 강하게 남아 있는 곳이다.

인도 문화와의 접촉 정도는 지역마다 다르고, 동남아시아인들이 인도의 모든 문화를 받아들인 것도 아니다. 동남아시아인들은 자기네 고유 문화의 바탕 위에 인도의 문화를 받아들였다. 예를 들어 인도의 계급 제도인 카스트 제도는 동남아시아에 나타나지 않는다.

대륙부 동남아시아에서는 불교가 크게 성행하여 국가 종교로 발전하게 되었다. 불교는 차츰 여러 종파로 나뉘게 되었는데, 그중 가장 중요한 두 종파는 '마하야나'와 '테라바다'이다.

마하야나 불교는 대승 불교라고도 하며, 신도들이 열반에 이르도록 돕는 보살의 역할과 참선을 강조한다.

그러나 베트남을 제외하면 동남아시아에서는 테라바다 불교가 더 지배적이다. 테라바다는 '장로들의 가르침'이라는 뜻이며, 소승 불교 또는 상좌 불교로 번역한다. 상좌 불교는 헌신과 참선, 선행을 통하여 덕을 쌓는 것을 강조하였다. 상좌 불교에서는 승려를 공양하고 사원에 짓고 시주(보시)하는 일이 신자들이 덕을 쌓는 방법 중 하나이다. 남성의 경우 일생에 한 번 단기간이라도 출가하여 승려 생활을 하면 크게 덕을 쌓을 수 있다. 지금도 동남아시아 불교 국가에서는 젊은 남성들이 짧게는 한 달에서 여러 해씩 출가하는 것이 아주 보편적이다. 여성들은 승려가 될 수 없기에, 출가하는 대신 승려와 사원에 시주(보시)하는 것으로 덕을 쌓는다. 동남아시아 불교 국가들에서는 아침마다 여성 신도들이 탁발하는 승려들에게 준비해 둔 음식을 건네는 모습을 흔히 볼 수 있다. 이는 단순히 음식을 나눠 주는 행위가 아니라 일상에서 덕을 쌓기 위한 선행이다.

일상생활에서뿐만 아니라 정치, 문화, 경제에서도 불교의 영향이 매우 크다. 태국, 미얀마, 라오스, 캄보디아에서는 사회주의, 군부 쿠데타와 군부 독재 등 정치적 소용돌이를 여러 차례 경험

• **탁발하는 승려들에게 시주하는 라오스 사람들**

제2장 고전 왕국들의 형성

하는 가운데도 불교가 여전히 국민을 결집시키고 왕권이나 권력을 뒷받침하는 큰 영향력을 발휘해 왔다.

인도 문화의 영향은 동남아시아에 남아 있는 세계적인 문화 걸작들을 통해서도 볼 수 있다. 예를 들어 캄보디아의 앙코르 와트와 인도네시아 발리의 문화 유적은 동남아에 남아 있는 힌두교의 영향을 잘 보여 준다. 태국의 아유타야와 방콕, 미얀마의 파간 유적 등은 불교의 영향을 보여 주는 대표적인 예다. 해양부에 속하는 인도네시아에서도 불교 문화의 걸작인 보로부두르 등의 유적을 볼 수 있다.

중국의 영향

인도 문화가 동남아시아 전역에 영향을 끼친 데 비하면 중국의 영향은 제한적이었다. 중국과의 접촉은 때로 군사적 대립을 통해서 이루어지기도 하였다. 중국은 동남아시아의 일부 지역을 침략해 직접 지배하기도 하였다.

동남아시아에 관한 중국의 기록은 기원전에 시작된다. 중국의 지식인들은 동남아시아와 교역하면서 직접 알게 된 정보와 전해들은 이야기들을 기록으로 남겼다. 기원전 1세기의 『사기』와 기원후 1세기의 『한서』 등 중국의 초기 역사책들에는 동남아시아에 존재했던 국가들의 이름도 나타난다. 동남아시아에 관한 중국인들의 기록은 제한적이고 중국 중심으로 서술했기 때문에 편파적이기도 하지만, 동남아시아의 당시 상황에 관한 정보를 얻을 수 있는 중요한 단서들을 제공한다.

동남아시아에서 중국의 영향을 가장 크게 받은 나라는 베트남이다. 중국 진시황은 기원전 3세기에 베트남인의 전신인 백월이 사는 지역에 군대를 보내 이곳을 중국에 편입시키고 중국인 관리를 파견해 지배하였다. 한 무제는 강력한 팽창 정책을 실시하여 동쪽으로는 한반도에 진출하여 4군(郡)을 설치하였고 남으로는 베트남에 진출하여 기원전 111년에 현재의 베트남 북부에 7개의 군을 설치하고 베트남을 직접 지배하였다.

중국이 지속적으로 베트남으로 진출하려 한 것은 베트남 지역에서 얻을 수 있는 경제적인 이익 때문이었다. 베트남은 코뿔소 뿔, 상아, 비취, 진주 등을 생산하였고 남비엣의 수도는 이러한 물품과 열대 과일 등이 집결되는 곳이었다. 중국은 이러한 물품들을 얻고자 이 지역을 직접 지배하고자 하였던 것이다. 중국의 베트남 지배는 10세기에 베트남이 중국으로부터 독립하기까지 거의 1,000년간 지속되었다.

베트남은 중국의 지배를 오래 받으면서도 중국에 동화되지 않고 독자적인 문화와 정체성을 지키며 마침내 독립하기에 이른다. 다른 동남아시아의 국가와 달리 베트남은 독립 이후에도 중국과 정치, 문화적으로 교류하면서 중국 문화의 영향을 크게 받았다. 그래서 어떤 학자들은 베트남을 중국 문화를 중심으로 하는 동아시아 문화권에 포함시키기도 한다. 이러한 역사적 배경 때문에 베트남은 동아시아와 동남아시아 문화의 특징을 공유하는 국가가 되었다.

한편 『후한서』에는 2세기경 로마 및 단국, 엽조 등의 나라가 중국에 코뿔소 뿔과 상아 등을 조공으로 보냈다는 기록이 있는데, 단국 및 엽조 등 역시 동남아시아 국가로 추정된다. 이 나라들이 실제로 중국에 조공을 바쳤는지는 불확실하지만, 적어도 동남아시아와 중국, 또 동남아시아와 지중해 지역 사이에 서로에 관한 정보를 얻을 수 있는 수준의 교류와 교역이 존재하였음을 이 기록은 말해 준다. 이 시기부터 동남아시아가 동서 교역의 중계 역할을 하였던 것이다.

중국과 동남아시아 간의 공식적, 비공식적 외교 및 교역은 지속되었고, 이 관계가 때로 동남아시아 역사에서 중요한 역할을 하였다. 예를 들면 13세기 중국에 몽골 제국이 출현하면서 동남아시아의 많은 국가들이 몽골과의 전쟁을 경험하게 되었고, 그 과정에서 왕조가 멸망하는가 하면 어떤 왕국은 저항 과정에서 더 강해지기도 하였다. 또한 중국의 상인들은 동남아시아와의 교역, 또는 동남아시아를 통한 서아시아 및 유럽과의 교역에 적극 참여하였다. 이들은 동남아시아 왕국들에 이주하여 그 사회의 상업과 교역을 주도하였고, 후일 서양 열강이 동남아시아로 진출할 때 중개자 역할을 하기도 하였다.

베트남
천 년 중국 지배에서 벗어나다

전통 왕국들의 시대

기원후 천여 년간의 정치, 문화, 경제적 발전은 동남아시아의 전통 왕국들이 발전할 수 있는 기초를 다졌다. 작고 허술했던 정치체들이 보다 크고 장기간 존속할 수 있는 여력을 갖춘 왕국으로 발전하였다. 이전의 정치체들은 명확히 국가라고 규정짓기 어려운 점이 있었고 그것들이 실제 존재했다는 증거도 불충분했으나, 기원후 800년경에 이르러 여러 초기 국가들이 정치적으로 보다 체계를 갖추고 일정 범위의 지역을 통치하는 왕국으로 발전하였다. 정치의 중심도 이전 시기에 비해 더 안정화되었다. 동남아시아 학자들은 이 시기의 왕국들을 그 앞 시기와 구별해 전통 왕국(Classical Kingdoms)이라 부른다. 이 시기의 왕국들에 관해서는 중국과 아랍의 기록 덕분에 이전 시기보다 더 많은 것이 알려졌다. 그 밖에 건물들과 비문과 연대기도 많이 남아 있어 이 시기 동남아시아의 모습에 대해 많은 정보를 제공해 준다.

왕권을 뒷받침하는 개념도 변화하였다. 이전에는 인도 신화의 신과 결부해 왕을 신적인 존재로 여겨 왔으나, 서서히 지도자의 개인적인 용맹과 지배-피지배 관계 속에서 왕의 권위를 중요시하게 되었다. 영토를 획득하는 것보다 얼마나 많은 사람을 지배하는가가 더 중요해지면서 정치 체제는 보다 복잡하게 발전되어 갔다.

한편 이 시기에는 동남아시아에 큰 영향을 끼친 중요한 인구 이동이 있었다. 버마족과 타이족이 중국 쪽에서 동남아시아로의 이동해 정치체를 구성하며 활동하기 시작한 것이다. 중국은 베트남을 직접 지배하여 큰 영향을 끼쳤을 뿐만 아니라 태국, 인도네시아 등 여러 동남아시아 국가와도 조공 관계를 수립해 어느 정도 외교적 영향력을 끼쳤다.

전통 왕국 시기에는 특히 종교가 왕실과 사회에서 큰 역할을 담당하였다. 베트남에서는 중국의 영향으로 대승불교와 유교가

결합하여 지배적인 이념으로 확립되었고, 버마와 타이족에 의해
건국된 왕국은 상좌 불교를 수용하여 차츰 상좌 불교가 사회의
주도적인 이념이 되었다. 앙코르, 참파, 인도네시아의 자바에서
는 힌두교·불교의 문화적 틀이 큰 역할을 하였다. 자바의 또 다
른 왕국 스리비자야에서는 불교가 지배적이었다.

전설의 왕국 반랑과 남비엣

베트남 전설에 따르면 베트남 최초의 국가는 반랑이다. 반랑
은 기원전 3세기 중엽 안 즈엉 브엉이 건국한 어우락에 의해 멸
망하였다.

안 즈엉 브엉은 지금의 하노이 서북쪽에 위치한 로꼬아에 성
을 쌓았는데, 이와 관련해 재미있는 전설이 있다. 성을 쌓을 때,
낮에 쌓은 부분이 밤이 되면 도로 무너져 내렸다. 왕이 지극정성
으로 기도를 드렸더니 금빛 거북 한 마리가 나타나 "성이 무너지
는 이유는 한을 품은 전 왕자를 그 지역의 귀신이 도와주기 때문
이다. 그 귀신은 흰 닭이 되어 살고 있으니 그 닭을 죽이라"고 알
려 주었다. 왕은 그 말대로 하여 성을 완성할 수 있었다. 거북은
또 자기 발톱을 하나 주면서 "이것으로 쇠뇌(석궁. 발사 장치가 달린
활)를 만들면 어떤 적이라도 물리칠 수 있다"고 말하였다.

반랑은 남비엣(남월)에 의해 멸망한다. 기록을 통해 비교적 명확하게 역사적 실체를 알 수 있는 나라들 중 가장 이른 국가가 이 남비엣이다.

남비엣은 중국 진(秦)나라 관리인 찌에우 다(조타)가 중국 남부 광둥과 광시부터 베트남 북부 홍강 델타에 걸치는 지역에 건국하였다. 이 시기 광둥과 광시의 주민 구성은 중국보다 홍강 델타와 비슷하였다.

진나라가 망하고 중국을 재통일한 한나라가 남비엣에 사신을 보내자 찌에우 다는 남비엣이 한나라와 대등한 독립 왕조임을 강조하였다. 이후 찌에우 다는 북부 베트남의 어우락을 정복하고 스스로 황제라 칭하였다.

전설에 따르면 어우락은 건국 신화에 나오는 그 거북 발톱으로 만든 석궁으로 남비엣의 침입을 물리치고 있었다. 찌에우 다는 아들을 어우락 왕의 딸과 결혼시켜 석궁의 비밀을 캐내게 하였다. 남편을 사랑한 어우락 공주는 남편의 부탁에 석궁을 보여주었다. 찌에우 다의 아들이 이 석궁을 망가뜨린 후 남비엣의 군대가 쳐들어오자 어우락은 공격을 막아 내지 못하고 멸망하였다.

남비엣은 농업과 해상 무역을 바탕으로 발전하였다. 그러나 찌에우 다가 사망한 후 중국인과 토착 세력 간의 분열이 생겼고,

마침 강력한 팽창 정책을 실시한 한 무제의 공격을 받아 멸망하였다.

중국의 직접 지배와 베트남인의 저항

이후의 베트남에 관해서는 동남아시아 다른 나라들에 비해 많은 기록이 남아 있어서 국가의 발전 과정을 비교적 상세히 알 수 있다.

남비엣을 멸망시킨 한나라는 이 지역에 기원전 111년에 7개 군을 설치하고 이후 2개 군을 더 설치하였다. 마치 비슷한 시기 한반도의 고조선에 한 군현이 설치된 것과 흡사하다. 한나라가 관리를 파견하였지만 주민들은 여전히 토착 지배층의 지배를 받았고 한나라에 조공으로 특산물을 바쳤다.

한나라가 파견한 관리의 주요 임무는 현지 사회를 지배하는 일보다는 남방 물산의 확보에 있었다. 그런데 중국이 혼란에 빠지면서 한나라의 더 많은 관리와 지식인들이 남쪽으로 이주하자 한나라의 정책도 달라졌다. 이주한 중국의 관리들은 중국의 문물과 문화를 베트남에 전파하고자 노력하였고, 이는 토착 지배층에 위협이 되었다. 더구나 베트남에 파견된 중국의 관리들은 대부분 주민들을 착취하여 부를 쌓는 데만 몰두하였기에 베트남인들의 불만이 커져 지속적으로 반란이 일어났다.

이 시기 중국의 지배에 대한 베트남인들의 저항 중 가장 규모가 큰 저항 운동은 기원후 40년에 있었던 쯩 자매의 반란이다. 베트남 토착 지배층(락장)의 딸인 쯩 짝은 다른 락장의 아들과 결혼했는데, 중국의 관리가 이를 토착 지배층이 중국에 저항하기 위해 연합한 것으로 생각하여 남편을 처형하였다. 쯩 짝은 남편의 복수를 위해 여동생 쯩 니와 함께 반란을 일으켰다. 토착 지배층들이 이 반란에 호응하면서 쯩 자매의 반란은 순식간에 베트남 전역과 중국의 광둥, 광시 지역까지 확대되었다. 쯩 짝은 도읍을 정하고 스스로 왕이라 칭하였다.

쯩 자매의 반란은 3년 만에 한나라의 마원 장군에 의해 진압되었다. 마원은 3만의 병력을 이끌고 남하하여 쯩 짝의 군대를 격파하고 쯩 자매를 잡아 사형에 처하였다. 쯩 자매는 오늘날까지도 베트남인들 사이에서 중국의 지배에 저항한 위대한 영웅으로 칭송받고 있다.

마원은 구리 기둥을 세워 베트남이 중국의 땅임을 표시하고 베트남의 중국화 작업을 적극적으로 추진하였다. 이후 중국 대륙의 왕조가 바뀌어도 베트남에 대한 중국의 직접 지배는 계속되었다. 중국에서 어떤 관리가 파견되느냐에 따라 베트남은 평

• 참파의 포 나가 사원 유적

화롭기도 했고 때로는 반란을 일으켜 관리를 죽이기도 하였다.

중국 삼국시대에 베트남은 '교지(자오즈)'라 불렸고, 중국인 관리 사섭의 지배를 받았다. 사섭은 토착 사회를 잘 이해하고 다스려서 그의 지배 아래 교지는 안정기를 누릴 수 있었다. 교지는 무역이 발달하여 중국, 동남아시아, 인도, 아라비아에서 온 상인으로 붐볐다. 인도의 불교 역시 교즈를 통해 중국의 오나라에까지 전해졌다. 사섭이 지배한 시기에 많은 중국 학자가 평화를 찾아 이주해 왔고, 이들을 통해 베트남에 유학이 널리 보급되었다.

3세기 중엽 베트남은 참족의 잦은 침략을 겪었다. 참파는 베트남 남부에 있던 민족으로 참파의 왕국들을 건국하였다. 남쪽 참족의 '럼업(임읍)'이 베트남을 침범하면 북쪽 중국이 토벌군을 파견하여 전쟁을 일으켰고, 그 사이에서 베트남인들은 어려움을 겪었다.

토착 지배층들의 저항에도 중국의 지배는 3~6세기 동진, 송, 제, 양, 진(陳) 왕조에 걸쳐 지속되었다. 6세기 중엽 베트남의 토착 지배층인 리 본이 쯩 자매 이후 최대 규모의 난을 일으켰으나 실패하였다.

이후 당나라는 베트남에 안남도호부를 설치하였다. 한국도 이 시기 베트남처럼 당나라의 변경 체제에 속하여, 한반도 북부의 고구려가 멸망하고 안동도호부가 설치되었다. 이 시기부터 중국인들은 베트남을 안남이라 불렀고, 이 이름이 한국과 일본에 전파되어 20세기 중엽까지 한국인들도 흔히 베트남을 안남이라 불렀다.

당의 지배기 동안에도 베트남인들의 저항은 이어졌다. 대표적인 것이 민중의 지지를 받아 일으킨 풍 흥의 저항 운동이다.

당의 지배는 300년간 이어졌고, 당의 문화가 그 이전 시기보다 커다란 영향을 베트남에 끼쳤다. 베트남의 지배 계층은 교육을 통해 중국의 문화를 수용하였다. 중국인 관리들은 학교를 세웠고, 베트남에 귀양 온 중국 문인들은 현지 지식인들에게 교육과 문학작품을 통해 영향을 끼쳤다. 그러나 이는 대부분 지배 계층에 해당할 뿐, 일반 백성들은 여전히 베트남 고유의 문화를 따르며 살아갔다.

이 시기 중국의 승려들이 인도에 가는 길에 베트남에 잠시 머물기도 했는데, 이를 통해 중국의 대승 불교가 베트남 지배 계층에 전파되었다. 신라의 최치원 같은 지식인들이 당나라의 외국인 과거시험인 빈공과를 통해 당나라 관리가 된 것처럼 베트남의 지식인들도 빈공과에 합격해 당나라 수도에서 활동하기도 하였다. 기록에 따르면 빈공과에 합격한 베트남 지식인들은 10명 정도 되었다고 한다.

천 년 만의 독립과 리 왕조의 성립

10세기 초 당나라가 멸망하고 중국이 오대 십국의 혼란기에 들어가자, 939년 베트남 북부의 토착 지도자인 응오 꾸옌이 중국 세력을 물리치고 나라를 세우면서 중국의 베트남 지배를 종식시켰다. 응오 꾸옌은 중국군의 공격에 대비해 바익당강 어귀에 끝이 뾰족한 기둥을 박아서 중국의 함선이 기둥에 걸려 꼼짝 못 하게 한 후 공격하여 물리쳤다.

응오 왕조는 30년을 지속하지 못하고 혼란에 빠졌다. 베트남은 다시 딘 보 린(딘 왕조, 14년 간 지속), 레 호안(레 왕조, 30년간 지속)에 의해 통일되었으나 이들 왕조는 모두 짧은 기간 동안만 지속되었다.

리 왕조(1009~1225)가 베트남 역사에서 처음으로 200년 넘게 존속한 왕조이다. 리 왕조를 세운 타이또(태조) 리 꽁 우언은 탕롱을 수도로 정하였는데, 이는 천도할 때 용(롱)이 하늘로 올라가는 광경을 보고 이름 붙인 것이라 한다. 이 탕롱이 현재의 하노이다. 리 꽁 우언은 민간 신앙과 불교를 적극 보호하며 왕권을 강화하였다.

제3대 왕 타인똥(성종)은 나라 이름을 다이비엣(대월)으로 정하였다. 리 왕조 황제는 수도인 탕롱과 그 주변만 직접 지배하였고, 그 바깥은 황제의 권위에 복종하는 토착 실력자가 지배하였다. 타인똥은 남쪽 지역을 적극 공략하여 참파의 수도 비자야를 함락하였고, 이에 베트남의 영토는 현재의 중부 베트남까지 확대되었다.

베트남은 중국에서 독립한 이후 오히려 더 적극적으로 중국의 문화를 받아들였다. 타인똥은 베트남 최초로 공자와 그의 제자

• 공자를 모신 베트남 하노이 문묘의 규문각

들에게 제사 지내는 문묘를 세우고 학교를 부설하여 유학을 가르쳤다. 년뚱(인종)은 1075년 베트남 최초로 과거제를 실시하여 소수의 관리를 선발하였다. 그다음 해에는 국립대학에 해당하는 국자감이 설치되어 최고 교육 기관의 역할을 담당하게 되었다.

그러나 유교의 도입은 베트남 지배층에서 주로 이루어졌고, 불교가 여전히 사회의 지배적인 이념으로 작용하였다. 조정에서도 승려가 국사 또는 고문이 되어 정치를 보좌하기도 하였다. 황제 역시 불교 수행에 큰 관심을 쏟아, 리 왕조를 연 타이또는 즉위 후 5년간 1,000여 곳의 불교 사찰을 건립하였다고 한다.

쩐 왕조의 성립과 몽골의 침략

리 왕조 말기에 지방 세력의 반란으로 호족 쩐씨 가문이 권력을 잡게 되었다. 리 왕조의 마지막 지배자는 베트남 최초의 여황제로, 일곱 살에 즉위하였으나 쩐 가문의 둘째 아들과 결혼한 후 제위를 쩐 가문에 양위하여 쩐 왕조가 성립되었다.

쩐 왕조(1225~1400)는 가족의 결속력을 강하게 유지하기 위해 황제와 승상, 대장군이 모두 한 집안 출신이었고, 황제는 같은 성씨의 왕비를 맞아들였다. 황제는 중앙 지역을 지배하고, 종실의 실력자들이 지방에 대장원을 소유하며 지배하였다. 그러나 이전 시대에 비하여 중앙집권화가 보다 강화되었고, 중국 송나라의 제도를 모방한 기구들을 설치하였다.

쩐 왕조는 제위 계승 분쟁을 방지하고자 황제가 살아 있는 동안 제위를 물려주고 상황이 되었다. 상황은 정치에서 물러난 후에는 불교 수행에 힘써 종교 지도자의 역할을 수행하였다. 그럼에도 유교 이념은 더욱 확대되었고, 과거제를 통해 더 많은 유교 지식인들이 중앙 관료가 되었다.

쩐 왕조 시기에 베트남 최초의 역사책인 『대월사기』가 편찬되었다. 1272년 레 반 흐우에 의해 완성된 이 책은 남비엣부터 리 왕조까지의 역사를 다룬 책이다. 이 시기 한자의 음과 뜻을 사용하여 베트남어를 표기하는 '쯔놈'으로 쓴 작품도 많이 생겨났다.

쩐 왕조는 당시 아시아에서 패권을 넓혀 가던 몽골의 침입을 세 차례나 물리쳤다. 쩐 왕조는 몽골의 세력이 커지자 군관학교를 설립하고, 평상시 10만 명이던 군대를 20만 명까지 늘렸다. 몽골은 베트남에 사절을 보내 남쪽에서 송을 공격할 수 있도록 길을 빌려 달라고 요청하였으나 쩐 왕조는 이 요청에 응답하지 않았다. 이에 몽골 군이 남하하여 베트남을 공격하였지만, 식량이 부족하고 기후가 습하여 철수하고 화약을 맺었다.

몽골은 중국을 통일하고 원나라를 세운 후 이번에는 참파를 원정하기 위해 길을 빌려 주고 군량미를 제공할 것을 베트남에 요구하였다. 중국에서 동남아, 인도 및 유럽으로까지 연결되는 남해 무역을 장악하고자 남해 무역의 요충지에 있는 참파에 눈독을 들인 것이다. 쩐 왕실은 원의 요구를 거절하고 쩐 왕족인 쩐 흥 다오로 하여금 군대를 이끌고 맞게 하였다. 당시 원의 군대는 50만이었고 베트남의 군대는 20만에 불과하였으나, 쩐 흥 다오는 원의 군량 수급선을 격파하고, 퇴각하는 원의 함대를 바익당 강에 말뚝을 박은 후 유인하여 승리를 거두었다. 300여 년 전 응오 꾸옌이 중국 군대와 맞서 싸울 때 사용한 방법을 재활용한 것이었다. 쩐 홍 다오는 두 차례에 걸쳐 원의 50만, 30만 대군을 무찌르고 대승을 거두었다. 오늘날까지도 베트남인들이 매우 자랑스럽게 생각하는 역사적 승리였다.

쩐 왕조는 14세기부터 왕실의 내분, 대토지 소유의 확대, 불교계의 부패 등 여러 내부 위기로 쇠퇴하기 시작하였다. 밖으로는 남쪽의 참파가 끊임없이 침략해 와 막대한 피해를 입혔고, 북쪽 중국의 명나라가 베트남에 과도한 공물을 요구하기 시작하면서 베트남의 재정적인 어려움은 더욱 커졌다. 이에 농민들의 불만이 커졌고, 14세기 중엽부터 각지에서 반란이 일어나기 시작하였다.

05

캄보디아
찬란한 앙코르 문명

앙코르 왕국의 건국과 발전

캄보디아 지역에서 발전하던 부남(푸난)이 6세기경부터 쇠퇴하다가 속국이었던 진랍(첸라, 전라)에 의해 7세기 초에 무너졌다. 진랍은 캄보디아의 주 종족인 크메르족이 세운 나라인데, 그 기원과 정치 형태에 대해서는 알려진 바가 적다. 부남과 진랍이라는 이름도 중국 기록에 등장하는 이름이고 캄보디아의 비문에는 나타나지 않는다.

이 시기에는 진랍이라는 이름 아래 여러 소왕국들이 존립하면서 서로 경쟁한 것으로 이해된다. 그들이 차지한 영역은 부남이

다스린 남베트남에서 북동부 태국 및 라오스 남부까지 확대되었다. 이 시기 인도 문화의 영향이 매우 커서 비문들은 산스크리트어로 쓰였다. 중국의 기록에 따르면 진랍은 의복과 풍습이 참파와 매우 비슷하였다고 한다.

남부 진랍은 바다 건너 인도네시아 자바섬의 왕국인 사일렌드라의 공격을 자주 받았다. 자야바르만 2세(재위 802~835)는 남부 진랍의 왕자로, 사일렌드라에 볼모로 잡혀가 그곳에서 성장하였다. 그가 그곳의 공주와 결혼한 후 진랍으로 돌아와 독립하여 세운 왕국이 앙코르이다. 앙코르는 왕국의 수도 지역을 일컫는 지명이면서 왕국 전체의 이름으로도 사용된다.

앙코르는 산스크리트어로 '거룩한 도시'라는 뜻으로, 자야바르만 2세는 그 자신을 힌두교의 시바 신의 환생으로 여겼다. 그는 남아 있던 인도네시아 세력을 몰아내고 진랍을 하나의 왕국으로 통합하였다. 또한 거대한 호수인 톤레삽 호수(현재의 시엠립) 근처로 수도를 옮겼는데, 이 지역은 물이 풍부할 뿐만 아니라 상류의 강에서 떠내려 오는 퇴적물로 토지가 비옥했고 지정학적으로 대륙부 동남아시아의 내륙으로 가는 길목에 위치하였다. 이로써 캄보디아의 정치 중심이 남부의 메콩 하류에서 톤레삽 호수로 바뀌었다.

자야바르만 2세의 후계자들은 왕국을 공고히 하고 중부 태국의 드바라바티를 정복하였다. 전성기의 앙코르 왕조는 지금의 캄보디아의 국경을 넘어 라오스 남부와 북부 태국까지 지배하였다. 비문들에 따르면 야소바르만, 수리야바르만 1세 및 2세, 자야바르만 7세가 강력한 왕들이었다.

캄보디아는 우기에는 엄청난 비가 내리지만, 비가 그치면 땅이 금방 마르고 그 후 6개월간의 건기에는 비가 거의 내리지 않는다. 앙코르의 지도자들은 우기에 톤레삽 호수의 범람을 막고 물을 저장하기 위해 '바레이'라 불리는 인공 저수지들을 만들었는데 가장 큰 것은 면적이 수 평방킬로미터에 이르렀다고 한다. 이 저수지들이 수로를 통해 연결되어 농경의 중요한 자원이 되고 동시에 앙코르를 의례의 신성한 상징으로 만드는 역할을 하였다. 이러한 관개 기술로 앙코르 일대는 비옥한 농경지로 탈바꿈해 이곳에서 생산된 쌀은 100만 명이 넘는 인구를 부양할 수 있었다. 이러한 경제적 번영은 앙코르 왕조가 거대한 건축물(사원)을 세울 수 있는 기반이 되었다. 왕을 비롯하여 지역의 지배자들은 자기네 지배의 중심 지역에 사원을 세웠는데, 수도에 왕이 세운 사원이 그 수많은 사원들의 중심이 되었다. 앙코르의 왕은 신이자 왕(산스크리트어로 '데바라자')으로 지상을 다스리는 존재였다.

• 해자 건너편에서 바라본 앙코르 와트

　크메르 사회에서 사원들은 단순히 종교적인 기능만 한 것이
아니라 사회적, 정치적 기능도 담당하였다. 사원들은 왕족 및 상
류층이 사원에 재물을 바치는 영적인 동기를 제공하고, 이는 평
민들에게 경제적 재분배의 재원이 되었다. 사원들은 상당한 토
지와 인력을 보유하였고 왕국을 연결하는 네트워크가 되었다.
사원은 수평적으로는 이질적인 농경 사회를 경제적 네트워크로
연결하고, 수직적으로는 크메르 사회의 다양한 계층을 하나로

• 앙코르 톰

통합하는 문화적 상징 역할을 하였다.

세계문화유산 앙코르 와트와 앙코르 톰

앙코르는 800년대부터 1400년대까지 동남아시아 대륙부 여러 왕국들의 정치적, 문화적 중심지였다. 물론 이 시기 앙코르의 권력이 미치는 범위에는 변화가 있었고, 번영뿐만 아니라 쇠락의 시기도 있었지만, 남아 있는 장대한 건축물들이 당시 앙코르의 번영과 문화적 자부심을 보여 준다.

앙코르 왕국의 왕들은 앙코르 지역 내에서 수도를 여러 번에 걸쳐 이전하기도 하면서 많은 사원을 지었다. 사원들은 힌두교의 개념에 따른 우주를 형상화하였고, 보통 힌두교의 신인 시바, 비슈누 그리고 후에는 불교의 부처에게 봉헌되었다. 사원의 중심은 힌두교의 신이 거주한다고 여겨지는 메루산의 모습을 본떴다. 앙코르 왕국의 번영을 보여 주는 대표적인 건축물이 앙코르 와트와 앙코르 톰이다.

앙코르 와트는 '사원의 도시'라는 뜻으로, 위대한 정복자 수리야바르만 2세의 사후 세계를 위해 건설된 거대하고 아름다운 사원이다. 7만 명의 노동자가 동원되어 건설되었다고 하는 앙코르 와트를 둘러싼 벽의 길이는 5.5킬로미터에 이르고, 벽 밖으로는 폭 200미터의 해자가 있다. 내부의 약 1.5킬로미터에 이르는 긴 회랑 벽면에 새겨진 부조를 통해 12세기 캄보디아인의 세계관, 국제관계, 예술 및 종교, 생활상 등을 알 수 있다. 사원 중앙의 다섯 개 탑과 담 네 모서리에 있는 네 개의 탑은 전부 금으로 장식되었고, 높이 65미터에 이르는 중앙탑의 신상 이마에는 에메랄드가 박혀 있었다고 한다. 앙코르 와트가 건설된 시기에 캄보디아는 주변 베트남, 참파, 버마, 말레이 지역 등을 원정해 그곳 국가들을 압박하며 크게 발전하였다.

앙코르 와트보다 1세기 후에 건설된 앙코르 톰은 '위대한 도시'라는 뜻으로, 왕궁을 포함하는 성곽 도시이다. 12세기 말 참파의 공격을 물리치고 왕위에 오른 자야바르만 7세(재위 1181~1219)에 의해 건설되었다. 자야바르만 7세는 캄보디아 역사에서 가장 위대한 왕 중 하나로 앙코르는 그의 재위기 동안 절정기에 이르렀다. 그는 왕국을 확장하고 도로와 견고한 성벽을 세웠으며 사원과 기념물들을 건축하였다. 이 시기 앙코르의 지배 영역은 현재 태국 영토의 상당 부분과 메콩 하류에까지 이르렀다. 앙코르 톰 성벽의 둘레는 12킬로미터에 달하고 성벽은 폭 100미터에 달하는 해자로 둘러싸여 있다. 도시의 중심에는 베이온 사원이 있는데 이는 불교 사원으로 건축 당시 이 사원은 모두 금으로 발라져 있었다고 한다. 베이온 사원은 모든 신의 집의 역할을 하는 사원으로, 크메르인의 종교 의식이 힌두교가 아닌 대승 불교의 보살을 중심으로 바뀌었음을 보여 준다. 사원에 조각된 부조를 통해서는 당시 캄보디아인의 생활상을 알 수 있다.

이후 대승 불교가 널리 퍼지면서 캄보디아에서 힌두교 건축물과 산스크리트어 비문은 사라지게 되었다. 이 시기 어린 남자아이는 모두 절에 들어가 공부하고 성장하면 다시 속세로 나왔다고 한다. 자야바르만 7세는 독실한 대승 불교 신자로 지배 영역 내에 도로와 여행자들을 위한 휴식 시설을 짓고 102개의 병원을 세웠다.

앙코르는 장기간 지속되었지만, 권력 분쟁이 잦았다. 왕위가 부계와 모계 양쪽으로 승계 가능했기 때문에 왕위 계승권자가 많이 존재했고, 왕위 찬탈도 종종 있었다. 동남아시아의 왕국들에서 왕의 권력은 개인적인 관계 및 신과의 연결을 바탕으로 한 종교적인 신성을 바탕으로 한다. 그래서 강력한 왕이 나타났을 땐 나라가 안정되다가도, 약한 왕이 나타나면 나라가 쉽게 불안정해졌다. 이러한 불안정성에도 불구하고 오랜 기간에 걸쳐 관료 제도가 발전해 갔다. 왕실에 각 부처들이 설립되었고 하위 관료들도 생겼다. 13세기에 이르면 각 촌락에도 행정과 치안을 담당하는 관리들이 생긴다.

이 시기 크메르 사회는 모계 중심이었고, 여성들은 가족, 사회, 정치에서 중요한 역할을 담당하였다. 왕실의 몇몇 여성들은 불교의 승단에서 설법을 하는 등 지적인 활동도 하였다. 여성들은 상업에서도 활발히 활동하였고, 궁전 사무에 종사하거나 전사로도 활약하였다.

제2장 고전 왕국들의 형성

06

파간(버마)
부처의 나라

버마족의 이동과 건국

현재의 미얀마는 여러 종족으로 이루어져 있는데 다수를 차지하는 종족은 버마인이다. 미얀마와 버마는 같은 나라를 지칭하지만 많은 학자들은 여전히 공식 명칭인 미얀마보다는 버마라는 국명을 사용한다. 버마가 오랫동안 사용되기도 하였고, 또 미얀마라는 국명이 1988년의 군부 쿠데타 이후 바뀐 이름이기 때문이다.

미얀마에는 버마족 외에도 샨족, 친족, 몬족, 카친족, 카렌족 등 135개의 소수 종족이 있는데, 이들 소수 종족이 전체 인구에서 차지하는 비율이 30퍼센트가 넘는다. 이들 종족들은 역사 속에서 경쟁하고 때로는 반목하며 함께 미얀마를 이루어 왔는데 그 주도권을 쥔 것은 버마족이었다.

버마족은 중국의 북서부에서 이동하기 시작해 티베트, 윈난을 거쳐 기원후 2세기경 현재의 버마 지역에 도착하였다. 버마는 강의 중류 지역 위쪽에 위치한 상부 버마와 강 하류의 삼각주 지역인 하부 버마로 나뉜다. 이라와디강과 이에 이어지는 시땅강, 살윈강이 북쪽에서 내려와 남쪽으로 흘러 바다로 들어간다. 이라와디강은 미얀마에서 가장 중요한 강으로 이 유역은 아시아 최대의 곡창 지대이다.

9세기 중엽에 분명한 형태를 지닌 국가가 버마 지역에 성립하였는데 이것이 파간(849~1287)이다. 퓨족의 왕국이 현재 중국 윈난 지역에 있던 남조 왕조에 약탈당한 후, 버마족이 이리와디강 유역에 있었던 퓨족의 영토 안에 왕국을 세웠다. 그들은 퓨족 문명의 기초 위에 파간의 왕국과 문화를 세워 갔다.

이 당시 하부 버마에서는 몬족이 페구, 타톤 등에 여러 소국을 이루고 있었다. 버마족은 약 19개의 부족으로 나뉘어 있었고, '낫(nat)'이라는 정령을 숭배하는 신앙을 가지고 있었다. 각 부족은 저마다의 낫을 숭배하였다.

파간은 이라와디강 유역의 농업 생산을 바탕으로 번영하였으며, 파간의 왕들은 관개 시설을 확충하고 개간지를 넓혔다. 버마는 인도와 중국 사이를 오가는 육로 위에 위치하는데 이 육로를 통해 이루어지는 동서 교역도

• 만달라 문양

파간의 발전에 이바지하였다. 이러한 발전으로 마침내 파간은 대륙부 동남아시아에서 앙코르와 경쟁하고 앙코르의 권위에 도전할 정도로 강력한 왕국으로 성장하였다.

당시 파간은 다른 동남아시아 국가와 마찬가지로 '만달라' 모델로 설명할 수 있는 정치 체제로 운영되었다. 권력과 권위는 원형의 만달라의 중심에서부터 외부로 뻗어 나갔고, 원의 주변부로 갈수록 중앙의 권력은 약해져 갔다. 왕과 귀족들은 수도에 거주하였고, 묘투기라 불리는 토착 지배자들이 지방과 이민족을 지배하였다.

불교에 심취한 왕들

11세기 이전의 파간에 관해서는 정보가 많지 않다. 11세기 들어서 아노라타 왕(재위 1044~1077)과 찬싯따 왕(재위 1084~1111)이라는 두 명의 강력한 군주가 나타난다. 두 왕의 통치 기간 동안 버마는 상부 버마에서 남쪽으로 영역을 확대해 갔고, 불교가 왕국의 종교로 점차 확립되어 갔다.

파간은 아노라타 왕의 통치 기간 동안 버마 지역의 중심 세력으로 성장하였다. 왕은 몬족 출신의 승려 신아라한의 건의를 받아들여 상좌 불교를 발전시키기로 하고, 몬 왕국에 관심을 가졌다. 당시 몬 왕국은 바다를 통해 실론과 인도 지역과 교역하였고 해외 무역과 불교의 중심지였다.

이때 앙코르의 수야바르만 1세가 짜오프라야강 유역을 정복하고 살윈강 하류까지 진출하여 몬족과 하부 버마를 위협하였다. 앙코르의 위협을 받은 몬 왕국이 파간에 지원을 요청하자 아노라타 왕은 이를 도와 앙코르 군을 물리쳤다. 이후 1057년 아노라타 왕은 몬족 왕국인 타톤을 정복하고 귀중한 불교 경전과 3만여 명의 몬족 승려, 기술자들을 파간으로 데려갔다고 한다. 그는 당시 앙코르, 참파, 베트남 및 자바의 다른 왕들처럼 불교를 통해 왕권을 강화하기 위해 적극적으로 불교를 수용하였다. 아노라타 왕의 노력으로 버마 사회는 불교화되었고, 왕의 원정군에 의해 대륙부 동남아시아 각지에 상좌 불교가 전해졌다. 왕은 쉐지곤 탑을 건설하고, 불교를 관장하는 통일된 기구인 상가(승단)도 정비하였다.

남부를 차지하면서 파간은 벵골만으로 이어지는 해양 무역의 네트워크에 연결되었고, 당시 상좌 불교의 중심지였던 실론과 우호적인 관계를 유지하였다. 아노라타 왕 때 파간의 지배 영역은 현재의 버마 영토와 일치할 정도로 크게 확대되었다.

파간의 또 다른 저명한 왕인 찬싯따 왕은 남부 페구와 타톤에서 발생한 몬족의 반란을 진압하고 왕위에 올랐다. 버마의 역사에서 몬족은 기회가 있을 때마다 버마족의 지배에 저항하고 독립 세력을 키웠다. 찬싯따 왕은 매우 현명한 왕으로, 몬을 달래고자 타톤의 왕위 계승자와 자신의 딸을 결혼시키고 그들 사이의 후손이 파간의 왕위를 잇게 하기로 약속하였다. 약속대로 그의 손자인 알랑시투(깐수 1세)가 찬싯따의 뒤를 이어 왕위에 올랐다. 찬싯따 왕은 몬족의 문화를 적극 수용하고 몬 언어로 쓴 비문과 아난다 사원 같은 몬 양식의 건축물을 남겼다.

파간의 번영과 안정은 12세기 후반~13세기 전반의 깐수 2세(재위 1173~1210)와 나다웅미아(재위 1210~1234) 시기에 절정에 이르렀다. 버마어가 공용어로 정착되기 시작하였고 수리 시설이 확충되었다. 왕국의 영토는 현재 미얀마 남부의 대부분까지 이르렀고 새로운 사찰이 계속 건설되었다. 2세기 반에 걸쳐 번영을 누리면서 파간은 종교적 건물로 가득한 장엄한 왕국이 되었다. 깐수 2세는 점차 부유하고 강대해져 가는 불교 승단의 정화 운동을 벌이고 승려들을 실론으로 보내 교육시켰다.

지상을 불국토로

상좌 불교는 파간의 문화와 사회의 근간이 되었다. 파간의 비문들은 불교 사찰이 종교적이며 동시에 경제적인 기관으로서 역할을 했음을 보여 준다.

앙코르와 마찬가지로 파간의 사원은 시주를 통해 거대한 땅과 인력을 보유할 수 있었다. 왕은 불교의 가장 큰 후원자로, 모든 왕이 한 개 이상의 거대한 사원을 비롯하여 무수한 불교 관련 기념물을 건설하였다. 불교에서 사원을 짓고 시주하는 것은 덕을 쌓는 방법 중 하나였다. 파간인들은 왕을 비롯한 권력자들이 쌓은 덕은 스스로 덕을 쌓을 수 없는 다른 사람에게도 나누어진다고 생각하였다. 이 시기 버마에는 4,000여 개의 불교 사원이 있었는데 이 중 3,000개가 수도에 있었고, 전체 시주 중 왕과 왕비

• 파간의 불교 건축물들

의 시주가 20퍼센트에 달하였다고 한다. 쉐지곤 탑과 난다 사원
같은 위대한 사원과 기념물이 건축되었고, 몬 문화의 영향력은
약해져 갔다.

사찰은 장인과 농부들을 고용하면서 지역 경제에 기여하기도
하였지만, 왕실 소유의 토지와 인력의 상당 부분이 사찰의 소유
가 되면서 왕실을 약화시켰다. 따라서 왕과 승단 사이에는 긴장
이 조성될 때도 있었다. 상좌 불교 나라에서 군주는 승단이 부패

하고 타락하였을 때 승단의 정화를 행할 권위를 갖고 있었다. 파간의 역사에서 이러한 정화 운동은 여러 차례 있었는데, 이는 단지 종교적인 동기에서만 비롯한 것은 아니다. 정화 운동은 사찰에 집적된 토지 및 인력 자원들을 국가로 되돌리려는 시도이기도 하였다. 특히 인력의 확충은 파간에서 매우 중요하였으며, 토지를 기준으로 해서가 아니라 직업과 종족별로 인력이 통제되고 관리되었다. 그러나 시간이 지날수록 왕실은 이런 정화 운동을 주도할 수 없을 만큼 약화되어 갔다.

앙코르와 마찬가지로 파간에서도 여성이 중요한 위치를 차지하였다. 여성들은 촌락의 장으로, 왕실의 관리로, 예술가 및 학자로 활동하였고 여왕도 있었다. 대표적인 예로 13세기의 파소 여왕은 침략과 정치적 불안정의 시기를 잘 헤쳐 나간 파간의 위대한 지배자로 꼽힌다. 여왕은 1237년 경 부유한 농부 가정에서 태어나 우자나 왕의 후궁 중 한 명이 되어 왕실에 왔다. 파소는 왕에게 현명한 조언을 하고 능력 있는 관리를 등용하게 하였으며, 몽골이 침입했을 때 혼란을 잘 수습하고자 노력하였다.

파간은 13세기 말 몽골과의 전쟁에서 패배하였고, 지배층 간의 내분과 하부 버마에서 일어난 몬족의 반란으로 약화되었다. 마침내 파간은 1299년 샨족 출신의 삼형제에 의해 멸망하였다.

샨족의 삼형제는 왕을 살해하고 원의 원정대도 물리쳤다. 파간의 멸망 후 몬족은 다시 독립했고, 14세기 페구에는 몬 왕국이, 아바에는 새로운 버마 왕국이 등장하였다.

그럼에도 파간은 정치, 경제, 사회, 문화 등 모든 면에서 버마인이 돌아가야 할 전통의 원형으로 후세에 기억되곤 하였다. 이후로도 야심 있는 군주들은 자신들의 계보를 파간의 왕조와 연계시킴으로써 권위를 강화하고자 하였다. 또한 파간 시기에 버마어의 사용을 비롯하여 버마인과 버마 문화의 정체성이 형성되기 시작하였다.

타이족의 나라들
수코타이와 란나 왕국

타이족의 남하

13세기 대륙부 동남아시아에서 앙코르와 파간의 권력이 미치는 바깥 지역에는 타이어를 쓰는 여러 부족들이 정착해 있었다. 타이족은 중국 남부와 베트남 북부에 걸쳐 거주하였고, 지금까지도 이 지역에는 타이어를 사용하는 집단이 남아 있다.

타이족은 중국의 윈난고원에서 출발하여 동남아시아 북동부로 수세기에 걸쳐 이동하였다. 타이족의 대규모 이주는 동남아시아의 종족 구성과 지역 정치에 큰 영향을 미치게 된다.

11세기부터 13세기에 걸쳐 타이족의 지도자들은 메콩강 상류와 북부 타이에서 세력을 키웠는데, 이들이 현재 태국과 라오스 사람들의 조상들이다. 그들은 앙코르 왕국 등 저지대를 다스리는 지배자들에게 군사를 제공하기도 하였다. 그들 중 일부는 버마의 동부 고원 지대로 이동하여 정착하였는데, 이들은 후에 샨족으로 알려지게 된다.

대부분의 타이 문화에는 마을의 범위를 넘어서는 더 근본적인 사회정치적 공동체 '무앙'이 있었다. 무앙은 도시 혹은 나라라는 뜻으로, 한 지배자의 지배를 받는 지역 전체가 하나의 무앙이었다. 타이 전설에는 한 무앙의 지배자가 하나 또는 여러 명의 아들을 다른 지역으로 보내면 그들이 스스로 다른 무앙을 세우고 번성한다는 이야기들이 많다.

수코타이와 란나

13세기 중엽 몽골이 다이비엣(베트남)과 파간(버마)으로 원정군을 보내 전쟁을 치르고, 대륙부의 강국 앙코르가 쇠퇴하면서 지역에 생긴 권력의 공백을 틈타 타이족이 이 지역을 차지하고자 경쟁하였다. 이들이 세운 나라가 수코타이 왕국과 란나 왕국이다. 란나는 앙코르의 영향력이 미치는 지역의 밖에 위치하였고, 수코타이는 훨씬 남쪽에 위치한 앙코르의 지배 영역과 어느 정도 겹치는 지역에서 발전하였다.

수코타이는 이 시기 가장 크고 가장 중요한 타이족 왕국이었다. 수코타이에 관한 가장 상세한 정보는 1292년에 세워진 유명한 람캉행 왕(재위 1279~98)의 비문에 남아 있는데 이 기록은 당시 타이 사회를 이해할 수 있는 중요한 자료이다. 이 비문은 람캉행 왕 시대에 제정된 수코타이 문자로 기록되어 있다.

람캉행 왕의 아버지는 앙코르에 대항하는 동맹군에 참여하여 앙코르 왕국의 영향력을 약화시키는 데 일조하였다고 한다. 람캉행은 용맹한 군사 지도자였는데, 그의 재위 때 가장 멀리는 서쪽으로 페구부터 동쪽으로 비엔티안까지, 북으로 루앙프라방에서 남으로 나콘 시타마랏까지 지배 영역을 넓혔다고 한다. 하지만 이러한 지배 영역에 대한 기록을 역사적 사실로 받아들이기는 어렵다. 아마도 람캉행은 직접 지배하는 지역뿐 아니라 결혼이나 군사적 동맹 관계를 맺은 지역까지 자신의 지배 영역으로 기록한 것으로 추측된다.

람캉행은 직접 두 번이나 원나라를 방문할 정도로 몽골 치하의 중국과 좋은 외교 관계를 유지하였다. 그는 적극적으로 불교를 수용하여 사원을 건설하고 저명한 승려들을 초빙하였다. 이 시기 타이에서는 이미 상좌 불교의 영향이 컸다. 람캉행의 비문에 따르면 그는 왕궁 앞에 우리나라의 신문고처럼 종을 달아 억울한 사람의 문제를 해결해 주었다고 한다. 비록 그의 정치, 군사적인 업적은 그의 사망 이후 지속되지 않았으나, 람캉행의 지배 시기 종교, 문학, 조각작품 등의 문화적 발전은 그 이후에도 영향을 미쳤다.

파간이 버마인과 버마 문화의 원형을 갖춘 시기라면, 타이 문화의 원형은 동시대의 수코타이 시대부터 갖추어지기 시작하였다. 그러나 14세기 후반에는 짜오프라야강 유역에서 아유타야 왕국이 출현하면서 수코타이는 역사 속에서 사라지게 되었다.

수코타이와 같은 시기 북부 타이에서는 망그라이(재위 1292~1317)가 두각을 나타냈는데, 그가 란나 왕국의 건국자이다. 망그라이의 아버지는 오래된 타이족 무앙의 지배자였는데, 그는 아버지의 뒤를 이어 왕위에 오른 후 정복과 결혼 등을 통해 영토를 확장하였다. 몬족의 하리푼자야 왕국을 정복하고, 파간이 1289년 멸망하였을 때는 라와디로 원정대를 보내 샨과 외교 관계를 수립하였다. 이후 치앙마이에 도시를 건설하여 자신의 지배 영역의 중심지로 삼았다. 동시대 수코타이의 람캉행과는 동맹 관계에 있었다.

란나는 19세기 시암 왕국에 흡수될 때까지 때로는 주변국에

복속되고 때로는 독립하며 오랜 기간 동안 존속하였다. 그 긴 시간 동안 치앙마이 지역은 북부 타이인들의 정치적, 문화적 중심지로서 기능하였다. 지금도 치앙마이에서는 옛 란나 왕국의 문화를 체험할 수 있어 여행객들이 많이 찾는다.

바다의 왕국들
수마트라섬과 자바섬

수마트라섬의 스리비자야 왕조

동남아시아에 관한 서양의 가장 이른 기록은 그리스권 알렉산드리아의 학자 클라우디오스 프톨레마이오스가 2세기에 남긴 것이다. 그는 동남아시아의 '황금 반도(golden peninsula)'와 그곳의 무역 도시들과 산물에 대한 기록을 남겼는데, 이 황금 반도가 말레이반도이다. 이 시기 이 지역은 금, 주석 그리고 이국적인 임산물로 명성을 날렸다.

동아시아와 서아시아를 잇는 교역로의 중간에 위치한 말레이시아와 수마트라섬 일대에는 아주 일찍부터 작은 규모의 해안 무역 국가들이 생겨나기 시작하였다. 이 지역은 무역이 발전하였을 뿐만 아니라 외부의 문화를 동남아시아 내부로 전달하는 역할도 하였다. 말레이인들이 이 지역의 주인공이었는데, 7세기 후반 이 지역 일대를 통합한 왕국이 바로 현재 인도네시아의 수마트라섬 남부 팔렘방에 위치한 스리비자야이다.

이 시기 중국에 국제적인 성격을 지닌 당나라가 들어서면서 동남아시아와 서아시아와 등과의 대외 교역에 적극적이었다. 그런데 마침 동남아시아 해상 교역의 중심지였던 부남은 쇠퇴하고 있었다. 이 시기 말레이인들이 정치적으로 큰 발전을 이루었는데, 이렇게 성립된 국가가 스리비자야이다.

스리비자야는 지리적으로 동서양을 오가는 바다의 길목인 말라카 해협과 순다 해협 가까이에 위치하였다. 스리비자야는 항만 시설을 마련하고 시장을 열어 교역선을 유치하였으며, 지역에 출몰하는 해적을 단속하였다. 또한 스리비자야에서는 고급 향유와 몰약의 원료도 생산되었는데, 이것들은 서아시아와 중국에서 수요가 많았다. 스리비자야는 중국과도 교류하여 중국에 사절을 보내기도 하였다.

스리비자야의 번영은 무역과 밀접하게 연결되어 있었다. 스리비자야를 중심으로 무역이 발전하였을 때는 속국들에게 무역으로 인한 이익과 물품들을 제공하고 이를 통해 속국들을 통제할 수 있었다. 그러나 무역이 쇠퇴하면서 속국들에게 제공할 수 있는 이익이 적어지자 스리비자야의 지배권 역시 약해져 갔다.

스리비자야의 사회상은 현재까지 남아 있는 세 개의 비문과 중국인 승려 의정(635~713)의 여행기를 통해 짐작할 수 있다. 의정은 인도에 가서 10년간 공부하였는데 오가는 길에 스리비자야에 몇 년간 머물렀다. 그가 남긴 여행기에 따르면 스리비자야는 성으로 둘러싸여 있었고, 약 1,000명의 승려들이 거주하고 있었다고 한다. 이곳의 불교는 대승 불교였는데, 당시 동남아시아 대륙부의 왕국들과 마찬가지로 나라의 지도자들은 불교의 후원자였다. 또한 여기에는 국제적인 불교 승려 공동체가 있었다고 한다. 중국 승려들은 이곳에서 인도 교사들과 함께 공부하였다. 이곳에서는 중국의 도자기, 진주, 비단과 인도의 면직물, 말루쿠 제도의 장뇌, 백단향, 향료가 거래되었다.

스리비자야는 10세기 말 자바의 침략에 도전받고, 11세기에는 인도 남부에 위치한 촐라의 공격을 받아 수도가 약탈당하였다. 촐라와 스리비자야는 이 지역 무역의 주도권을 놓고 경쟁하고 있었다. 게다가 수마트라 북부 및 말레이반도 그리고 동부 자바에서 경쟁 왕국들과 중국 배를 놓고 경쟁하는 항구들이 출현

• 보로부두르 사원

• 프람바난 사원군

제2장 고전 왕국들의 형성

하였다. 13세기에 이르러서는 자바의 마자파힛 왕국이 해양 교역의 주도권을 갖게 되고 스리비자야는 약해져 갔다.

자바의 사일렌드라와 마타람 왕국

인도네시아의 자바섬(인도네시아어로는 자와섬)은 해양부 동남아시아에서 가장 인구가 집중된 지역이었다. 비옥한 토지와 풍부한 강수량이 벼 재배에 적당했기 때문이다.

8~9세기에 자바 중부에는 두 왕국이 있었는데, 사일렌드라는 대승 불교를 신봉하였고 산자야 왕계는 힌두교를 섬겼다. 양측은 각자 거대한 종교적 기념물을 남겼는데, 사일렌드라는 인도네시아 대승 불교의 위대한 기념물인 보로부두르 사원을 건축하였다. 산자야는 850년에 프람바난 사원을 세웠는데, 이것은 한 개가 아니라 여러 개로 이루어진 사원군이다. 보로부두르와 프람바난 사원군 모두 유네스코 세계문화유산으로 등재되었다.

사일렌드라 왕국은 유적 외에 기록으로 전하는 것이 많지 않아 기원이나 왕의 계보가 불분명하다. 사일렌드라는 풍부한 농업 생산을 기반으로 발전하였을 뿐 아니라 대륙부 동남아시아에 진출할 정도의 해군력도 갖추고 있었다. 이를 바탕으로 사일렌드라는 해양부 동남아시아를 넘어 대륙부 동남아시아까지 지배력을 확장하여, 자바뿐만 아니라 수마트라, 진랍, 참파 및 북베트남까지도 공격할 정도로 강한 나라였다. 그러나 앙코르 왕국이 성장하면서 사일렌드라는 대륙부 동남아시아에서 지배력을 상실하였고, 9세기 중엽 자바의 다른 왕조인 산자야 왕계의 피카탄 왕에 의해 자바에서도 축출되고 말았다.

보로부두르는 776년에 건설되기 시작해서 거의 반세기 만인 824년에 완성되었다. 한 개의 바위로 이루어진 언덕을 깎아 내고 그 위에 아홉 층의 회랑을 만들어 석가모니 부처의 전생을 표현하였다. 회랑의 총 길이는 약 5킬로미터, 높이는 30미터에 이른다. 400개의 돌로 만든 불상이 있고 회랑의 양쪽 벽에는 다양한 인간의 모습, 부처의 전생 그리고 부처의 세계를 묘사한 부조가 있다. 부조들엔 농부, 일하러 가는 부부, 물고기 잡기, 요리, 강도, 시장 풍경 등 자바인의 생활상도 묘사되어 있다.

산자야 왕국은 지배의 중심지가 마타람에 위치하여 마타람 왕국이라고도 불린다. 850년에 세워진 프람바난 힌두 사원에서도 볼 수 있듯이 이 왕국에서는 힌두교의 영향력이 강하였다. 자바 중앙의 디엥고원에는 시바 신에게 헌정된 사원 단지도 있다. 이 사원들은 동시대에 불교와 힌두교의 두 종교가 꽤 가까운 거리에서 공존하였음을 보여 주는, 역사적으로 흥미로운 유적지이다.

자바 동부의 왕국들

자바 중부에서 왕국들이 발전한 후 권력의 중심이 차츰 섬의 동부로 이동하기 시작하였다. 정치 중심이 왜 자바 동부로 옮겨 졌는지는 확실치 않다. 역사가들은 수도를 옮긴 원인을 스리비자야의 위협 또는 화산의 분출로 인한 농경지와 정착지 파괴 등에서 찾고 있다.

929년에 신독 왕(재위 929~47)이 자바 동부 브란타스강 계곡에 새 왕조를 열면서 이 지역이 정치권력의 중심이 되었다. 이 시기부터 13세기까지 자바에서는 여러 왕국들이 분립했다가 어느 정도 통합을 이루는 과정이 번갈아 되풀이되었다. 지배자가 궁정(크라톤)의 위치를 옮기면서 권력의 중심도 자주 바뀌었다. 자바 권력의 중심이 섬 중앙에서 동부로 이동하면서 동부에서 농업 발전이 이루어지고, 해안 지대와 배후지 사이에 물자의 교환이 가능해져 무역과 세금에 대한 지배자의 통제력이 증가하였다.

정치권력이 동부로 이동한 후 인도 문화의 영향은 점차 줄어들고 종교, 문화, 통치 방식 등에서 자바 고유의 특성이 나타났다. 이 시기 비문들에 자바어가 많이 사용되기 시작하였고, 산스크리트어 경전들이 자바어로 번역되기도 하였다. 그러나 여전히 왕들은 죽음 이후의 자신을 인도의 신으로 신격화시켰다. 예를 들면 아이르랑가 왕은 사후 인도의 신 비슈누로 경배를 받았고, 케디리의 지배자들도 자신들을 비슈누와 연결시켰으며, 싱가사리의 마지막 왕인 컬타나가라는 시바와 부처로 동시에 경배되었다. 이 시기 자바인의 신앙은 지배자에 따라 때로는 시바와 비슈누, 때로는 불교가 강조되었으나 남해의 여신 같은 토착 신도 여전히 중요한 위치를 차지하였다. 인도인의 세계관을 따라 왕실은 만달라의 중심으로 여겨졌고, 궁극적으로 우주의 축소판이었다.

신독 왕이 세운 왕국의 아이르랑가 왕 이야기는 서사시로 만들어져 인도네시아 그림자극인 '와양'의 가장 인기 있는 주제가 되었다. 신독 왕은 발리 왕과 자바 공주의 아들인데 스리비자야의 공주와 결혼하여 동맹을 맺었고, 그의 지도 아래 자바의 항구들은 해양 무역의 중심으로 부상하였다. 신독 왕은 힌두교에 더 심취했지만 대승 불교도 포용하고 후원하였다. 이 시기 자바에서 경쟁하던 두 종교인 불교와 힌두교의 시바 숭배가 자바인의 전통과 결합하면서 서로 포용하고 공존하였다.

이후 동부 자바는 여러 왕국으로 나뉘었고, 몽골의 침략 이후 컬타라자사 왕(재위 1293~1309)에 의해 건설된 마자파힛 왕국이 16세기까지 지속하였다.

제3장

발전과 시련
(1300~1800년)

• 베트남 중부의 무역항 호이안

• 필리핀 마닐라 대성당

베트남
명의 지배와 독립, 남북 분립

호씨 정권과 명의 베트남 지배

베트남에서는 쩐 왕조 말기에 이르러 황실의 권력 다툼으로 황제가 빈번히 교체되었다. 14세기 말 황제의 적통이 없어 여러 번 황제가 바뀌었는데, 차례로 등극한 황제들의 외사촌이자 호 가문의 지도자인 호 꾸이 리가 권력을 장악해 나갔다. 호 꾸이 리가 1400년 쩐 황실의 황제들을 폐하고 스스로 제위에 올라 짧은 호씨 정권(1400~07)이 성립되었다.

호 꾸이 리는 정권을 장악한 후 베트남 사회의 여러 문제들을 해결하고자 정치, 경제, 교육, 군사 등의 개혁을 실시하였다. 그는 쯔놈 문자를 장려하여 국가의 법령에도 쯔놈을 사용하게 하였다. 또한 자신의 세력 기반인 타인호아 지방에 새로운 수도를 건설하고 천도하였다. 새로운 수도는 서도라 칭하고 이전 수도 탕롱은 동도라 불렀다. 나라 이름을 다이응우로 바꾸고 조세 제도 등 각종 개혁도 실시하였다. 몇 차례 참파를 침입하여 영토를 꽝아이까지 확대하였고, 특히 중국의 침입에 대비해 군사력을 강화하였다.

이 시기 중국은 영락제가 지배하는 명나라였는데, 영락제는 활발한 팽창 정책을 펼치면서 베트남 병합을 추진하였다. 호 꾸이 리의 제위 찬탈은 명이 베트남을 침공할 명분을 제공하였고, 참파를 공격한 것 역시 명을 자극하였다. 명의 원정군은 호 꾸이 리가 제위를 찬탈한 죄를 물어 베트남을 공격하였다.

호씨 정권이 무너지면서 베트남은 다시 중국의 지배를 받게 되었다. 명나라는 행정 체계를 정비하는 동시에 지식인을 적극적으로 포섭하는 등 문화적으로 동화 정책을 펼쳤다. 그러나 과도한 세금과 노역 탓에 각지에서 베트남인들의 저항 운동이 일어났다. 그중 1418년 타인 호아 지방에서 군사를 일으킨 레 러이가 10년간의 저항 운동 끝에 명군을 몰아냄으로써 20년간 지속된 명의 지배를 끝냈다. 이후 중국은 다시는 베트남을 직접 지배하지 못하였다.

명을 몰아내고 세운 레 왕조

레 러이가 세운 왕조가 베트남 역사상 가장 오랜 기간 지속된 왕조인 레 왕조(1428~1788)이다. 레 러이는 명군에 저항하면서 게릴라전을 펼친 매우 유능한 전략가로 평가받는다. 20세기 베트남 전쟁 때 미국을 상대로 게릴라전을 펼친 베트남 공산당의 지도자들은 레 러이를 우상을 떠받들었다고 한다.

이전의 리 왕조와 쩐 왕조의 통치 체제는 느슨하게 조직되어 있었고, 불교 이념의 영향력이 매우 강하였다. 그러나 레 왕조 시기 베트남은 보다 중앙집권화되었고, 통치 이념에도 이전보다 유교가 더 많이 차용되었다. 이전 왕조의 조정에서 큰 영향력을 가졌던 불교의 특권과 영향력은 약화되고 유교적 이념을 가진 지식인들이 중앙 조정에 많이 진출하였다. 또한 레 왕조 시기 베트남인들은 정복과 이민을 통해 남쪽 참파로 보다 활발히 진출하였다.

특히 타인똥(성종, 재위 1460~97)은 베트남에 안정과 번영을 가져왔다. 그는 우리나라의 세종처럼 왕자 중 늦게(넷째) 태어나 제위에 오를 가능성이 거의 없었으므로 어려서부터 학문에 몰두하여 유교 경전을 열심히 공부하였다고 한다. 제위에 오른 후 그는 중앙집권 체제를 강화하여 중앙을 6부로 개편하고 지방을 13개의 도로 나누어 관리를 파견하였다. 또한 중농 정책을 추진하여 토지대장을 작성하고 관개 시설을 정비하여 농업을 장려하였다. 한편 여러 가지 법도 제정하였는데, 그가 편찬한 『국조형률』은 베트남에 남아 있는 가장 오래된 성문법이다. 이 법은 중국 당의 법률을 근간으로 하면서 베트남 고유의 관습법과 사회 제도 등을 반영하였다. 레 왕조 시대 베트남 사회에서 아들과 딸은 똑같이 재산 상속권을 가지고 있었으며, 아내가 이혼을 제기할 권리도 있었다고 한다. 타인똥은 유교의 발전을 위해 오경박사를 두고 국립대학인 태학을 증축하였다. 또한 과거를 장려하여 3년에 한 번씩 정기적으로 시행하도록 하였다. 베트남의 건국 신화부터 레 왕조의 건국까지를 다룬 역사서 『대월사기전서』도 펴냈다.

　타인똥은 대외적으로도 적극적으로 영토를 확장하였다. 그는 1471년 25만의 대군을 이끌고 직접 참파를 원정하여 수도 비자야를 점령하고 왕을 사로잡았다. 베트남이 참파의 영토 일부를 병합하면서 참파인은 더 남쪽으로 이동하게 되었다. 베트남은 서쪽으로는 란쌍 왕국의 루앙프라방까지 함락시킨 후 조공국으로 삼았다.

200년간의 남북 분립

타인똥이 사망하면서 레 왕조의 황금기는 막을 내리고 베트남은 조정 내 제위 다툼과 각지에서 일어난 반란으로 혼란스러워졌다. 혼란의 와중에 조정의 권력을 장악한 막 당 중이 선양의 방식으로 1527년에 제위를 찬탈하였다.

찬탈에 반대하는 레 황실 부흥 운동이 일어났는데, 그중 타인호아 출신의 응우옌 반 낌은 레 황실의 황자를 맞아들여 황제로 추대하고 세력을 키워 나갔다. 그 결과 베트남의 북부는 막씨, 남부는 레 황실 부흥 세력의 지배를 받았다. 그러다 레 황실은 남부에서도 실권을 잃고 남부는 응우옌 반 낌의 사위로 뒤를 이은 찐 끼엠의 가문에 의해 통치되었다.

베트남은 남부 세력에 의해 잠시 통일되었다가 찐씨가 지배하는 당응아이(외국에는 후일 통킹으로 알려짐)와 응우옌씨가 지배하는 당쫑(외국에는 후일 코친차이나로 알려짐)으로 나뉘었다. 1672년 당응아이와 당쫑은 경계를 긋는 조약을 체결하였는데, 이 경계는 흥미롭게도 20세기 중엽 북베트남과 남베트남 사이에 설정한 비무장지대와 거의 같았다. 이러한 남북의 분립과 경쟁 상태가 1770년대까지 이어졌다.

이 시기 동안 남부의 응우옌씨가 끊임없이 더 남쪽으로 진출하면서 베트남의 영토가 메콩강 하류까지 확대되었다. 응우옌씨는 참파 지역뿐만 아니라 캄보디아 궁중의 내분에 개입하면서 캄보디아의 영토였던 지금의 사이공 지역으로도 진출하였다.

응우옌씨가 남부로 진출하면서 참파의 많은 항구들도 베트남에 편입되었다. 그중 하나인 호이안은 이미 중국인과 일본인 그리고 유럽인의 선박이 끊임없이 방문하는 항구였다. 거기에 참파인과 크메르인 등까지 남부 베트남의 영역에 들어오면서 남부 정권은 다민족, 다문화 사회가 되었다. 남부는 북부에 비해서 덜 유교적이었고, 훨씬 개방적이어서 항구를 통해 외국과의 무역에 적극 참여하였다.

반면 북부는 남부에 비해 민족적으로 훨씬 단일한 사회였고, 적은 규모의 중국인 공동체만이 존재하였다. 이 시기 중국이 명나라에서 청나라로 교체되면서 대규모로 중국인이 유입했는데, 이들은 응우옌씨가 메콩강 하류에 진출하는 데 커다란 역할을 하였다. 또한 중국인의 숫자가 늘어나면서 사이공은 국제도시로 발전하였다.

떠이썬 왕조와 응우옌 왕조

중국과 국경을 맞댄 북부 베트남에서는 인구가 증가하면서 토지가 없는 농민들이 늘어 갔는데, 남부처럼 영토를 확장해 토지 부족을 해결할 수도 없었다. 설상가상으로 부패한 관리가 파견 되면 큰 고통을 겪은 농민들이 마을을 버리고 떠나서 도적이나 반란군이 되는 일이 잦았다.

1730년대부터 북부 베트남에서 반란이 일어나기 시작하였다. 중부 지방 대부분 역시 농사짓기에 적합한 땅이 적어 토지가 부족하였다. 특히 베트남 중부의 빈딘은 토지가 척박하고 지주의 토지 집적이 심하였다. 빈딘의 떠이썬 지방에서 삼형제가 반란을 일으켰는데, 이 반란은 남부의 응우옌씨와 북부의 찐씨 지배를 무너뜨리고 통일 베트남을 이루는 중요한 기점이 되었다. 이를 '떠이썬 반란' 또는 '떠이썬 농민 운동'이라고 한다.

떠이썬 삼형제는 레 황실을 보호한다는 명분으로 북쪽의 찐씨를 공격하여 레 황실을 보호하였다. 그러나 반란군을 믿을 수 없었던 레 황제는 중국으로 도망쳐 도움을 요청하였다. 1788년 청나라는 20만의 대군을 보냈으나 삼형제 중 막내로 제위에 오른 응우옌 반 후에 황제에게 크게 패하고 물러났다. 떠이썬 왕조는 토지 분배, 쯔놈의 공용어화 등 여러 방면의 개혁을 추진하였다. 참고로 떠이썬의 응우옌과 남부 정권의 응우옌은 성이 같을 뿐 같은 집안은 아니다. 응우옌은 베트남에서 가장 흔한 성 중 하나이다.

그러나 떠이썬 왕조는 통일 베트남을 이루지 못하였다. 남쪽에서는 1788년 응우옌씨의 황자 중 하나인 응우옌 푹 아인(재위 1802~20)이 군대를 모아 쟈딘 지역에 정권을 세웠다.

떠이썬 왕조의 군사력은 응우옌 반 후에 황제가 사망하면서 급격히 쇠락해 갔다. 이에 남쪽의 응우옌 푹 아인이 점차 세력을 확대하여 북부로 진출하여 마침내 레 황실의 수도 탕롱까지 정복하였다. 그는 1802년 베트남을 통일한 후 수도를 후에로 정하고 새 왕조를 세웠는데 이것이 베트남의 마지막 왕조인 응우옌 왕조이다.

10

태국과 라오스

가장 오래 존속한 아유타야 왕국

14세기에 서쪽의 베트남과 동쪽의 버마 사이에서 타이족의 아유타야 왕국과 란쌍 왕국이 등장하였다. 이 두 왕국은 기존에 존재하였던 '무앙'들을 연결하여 지역의 정치를 주도하는 권력으로 성장하였다. 란쌍은 1700년경 분열될 때까지 3세기간 번영하였고, 아유타야는 후일 크고 강력하며 번영한 왕국인 시암으로 발전하는 기반이 되었다.

아유타야 왕국(1351~1767)은 태국 역사에서 가장 오랜 기간 지속된 왕국이다. 그러나 한 가문이 쭉 권력을 장악한 것은 아니고 지배 가문이 여러 번 교체되면서 지속되었다.

　아유타야는 짜오프라야강 남부에 위치한 작은 무앙 중 하나였다. 14세기 중엽까지 타이족은 지속적으로 이 지역으로 이동하여 정착하였다. 이 시기 앙코르의 지배권이 약화되고 있었는데, 수코타이 남쪽의 여러 무앙이 아유타야를 중심으로 합쳐졌다. 아유타야를 건국한 라마디파띠왕(재위 1351~69)은 몬족 수장의 딸과 결혼한 후 몬족과 수코타이를 압박하며 짜오프라야강 유역 전체를 차지하게 되었다.

　라마디파띠 왕은 법 체제를 정비하였는데 이 법은 19세기 근대법이 제정되기까지 태국 사회의 근간이 되었다. 왕 아래의 고위 관료로는 군사를 담당하는 칼라홈, 문관을 담당하는 마핫타이, 재정을 담당하는 프라클랑 등이 있었다. 프라클랑은 외국 무역까지 관장하여 큰 권력을 지녔고 때로는 총리의 역할도 하였다.

　이 시기 라오스 지역에서는 란쌍 왕국이 건국되어 발전하고 있었다. 그래서 아유타야는 동북쪽으로는 진출할 수 없었고 캄보디아, 치앙마이, 말레이반도 방면으로 팽창하였다. 아유타야 군은 지속적으로 앙코르 왕국을 공격하여 마침내 1431년 앙코르 왕국의 수도 시엠립을 점령하였다. 아유타야의 영토는 트레이록 왕(재위 1448~88) 시기까지 계속해서 확장되었고 지역에서의 정치

• 앙코르 와트를 본뜬 아유타야의 왓 차이와타라남 유적

권력은 공고화되었다. 아유타야는 중국의 명나라와 우호적인 관계를 유지하고자 노력하였다. 주변국 사이에서 아유타야의 권위를 높여 주고, 또한 중국과의 교역이 왕실 재정에도 큰 도움이 되었기 때문이다.

아유타야는 왕위 계승 분쟁을 방지하기 위해 왕이 살아 있을 때 다음 왕위 계승권자를 정하여 부왕으로 임명하였다. 부왕은 왕의 장자나 동생이 되었다. 그럼에도 왕위 계승을 둘러싸고 치열한 경쟁이 있었고, 이는 종종 정치적 불안정을 가져오기도 하였다.

아유타야 사회는 다른 상좌 불교 나라인 앙코르, 버마 및 라오스와 매우 유사하였다. 타이 왕들은 부처가 환생한 신성한 존재로 여겨졌다. 중앙 정부는 관료에 의해 운영되었으나 왕의 권력은 수도에서 거리가 멀어질수록 약화되었다. 그러나 이전 시기에 비해 보다 중앙집권화되어 지방도 어느 정도 중앙의 간섭을 받게 되었다.

아유타야의 사회 계층은 소수의 귀족과 대다수의 평민으로 구성되었다. 트레이록 왕은 신분에 따라 토지를 분배하여 토지와 인력을 묶어서 관리하는 '삭띠나' 제도를 만든 것으로 알려졌다. 노예들은 전쟁 포로이거나 빚을 갚지 못해 노예가 된 경우가 대부분이었다. 여성들은 남성들의 권위를 인정해야 했고 법적으로도 남성보다 적은 권리를 누렸다. 그럼에도 남자와 동등하게 유산을 상속받고 결혼과 이혼도 주도적으로 할 수 있었다. 또한 마을과 도시에서 상점을 운영하며 경제 활동에 적극적으로 참여하였다.

아유타야 왕국의 국제적 성격

짜오프라야강 유역의 농업은 아유타야의 경제적 기반이었다.

수도인 아유타야는 짜오프라야강 중류에 위치한 섬이다. 짜오프라야강 유역은 지속적으로 개발되었고, 아유타야의 경작지는 강 하류까지 확대되었다. 또한 강을 따라 내려가면 바다로 통하기도 쉬웠다. 대외 교역은 왕실 재정을 위해 매우 중요하였다. 아유타야는 국제적이고 개방적인 모습을 보였는데, 중국인, 아랍인, 인도인 등 외국인이 교역을 주도하였다. 아유타야 남쪽에는 중국인, 일본인, 포르투갈인, 네덜란드인, 참파인, 인도네시아인들이 각자 공동체를 만들고 모여 사는 구역이 마련되어 있을 정도였다. 우리나라 고려 말과 조선 초에는 아유타야의 상인들이 한반도에까지 왔다고 한다. 아유타야의 이러한 국제적이고 개방적인 특징은 왕국의 번영을 이끌었다. 동시대에 존재하였던 란나와 란쌍 등 여러 타이족의 국가 중 오직 아유타야만이 번성하여 그 지역의 타이족 가운데 지배권을 유지할 수 있었다.

아유타야는 16세기 초 버마 뚱구 왕조의 침략으로 인해 어려움을 겪기 시작하였다. 이 싸움은 아유타야 왕이 소유한 흰 코끼리를 뚱구 왕이 탐내면서 시작되었다고 한다. 상좌 불교 국가에서 흰 코끼리는 부처를 상징하는 성물로 인식되었기 때문이다. 아유타야는 전쟁에서 패배하여 왕과 수천 명의 백성이 버마로 끌려갔다. 버마는 아유타야의 왕을 제거하고 새로운 왕을 세우고, 새 왕의 왕자를 볼모로 잡아 두었다. 그러나 왕자가 뛰어난 지도자로 성장하여 후일 아유타야로 돌아와 즉위(나레수언 왕)하여 버마와 캄보디아 군을 모두 물리쳤다. 나레수언 왕은 우리나라가 임진왜란을 겪을 때 중국에 사절을 보내 조선을 돕겠다는 제안을 하기도 하였다.

나레수언 왕 사후 아유타야에서는 다시 왕위 계승 분쟁이 계속되었다. 흥미롭게도 권력 투쟁은 중국인, 일본인, 말레이인, 서양인, 아랍인 상인과 용병 집단까지 연계되어 벌어졌다. 그럼에도 나라이 왕(재위 1656~88) 시기까지 왕국의 대외 무역은 계속 발전해 갔다.

아유타야 왕국은 매우 국제적이고 다민족적인 사회였다. 대표적인 예로, 나라이 왕 시기 그리스인 콘스탄틴 폴콘이 태국에 와서 재정 및 대외 교역을 담당하는 프라클랑으로 일하였다. 폴콘보다 앞서 페르시아 출신의 무슬림이 총리로 일하기도 하였다. 폴콘은 독실한 기독교도였고, 역시 기독교인인 일본 여성과 결혼하여 태국에 정착하였다. 그는 프랑스와 접촉하며 아유타야를 기독교 국가로 만들고자 하는 꿈을 가졌다. 그러나 프랑스 신부들이 기독교를 전파하고 프랑스 함대가 아유타야에 들어와 영토를 요구하자 타이인들이 분노하였다. 1688년 나라이 왕이 병으로 수도를 비우자 반 프랑스 지도자가 쿠데타를 일으켜 풀콘을 처형하고 프랑스인들을 몰아냈다. 흥미롭게도 새 가문의 지배 하에서도 아유타야는 쇄국 정책을 채택하지 않고 여전히 중국과 일본의 무역상들을 위한 해상 무역의 중심지 역할을 계속하였다.

18세기, 특히 보로마콧 왕(재위 1733~58) 시기에 타이 문화는 더욱 발전하였다. 새로운 사원이 건설되고 문학작품들이 지어졌다.

그러나 18세기 중엽 버마에 꼰바웅 왕조가 건국되면서 버마와 아유타야 사이에 다시 전쟁이 시작되었다. 아유타야는 1767년 버마에 의해 점령되었는데, 딱 지방을 통치하던 군사 실력자 딱신이 버마 군을 물리쳤다. 딱신은 중국인 아버지와 타이인 어머니 사이에서 태어났는데, 아버지의 고향인 차오저우 출신의 중국인들이 딱신을 적극적으로 지원하였다. 그러나 기존의 귀족 가문들은 딱신의 정통성을 인정하려 하지 않았다. 이런 상황에서 딱신이 해탈의 단계에 들어선 불교 성인으로 자처하고 승단에 자신을 인정할 것을 강요하여, 후일 미친 사람으로 묘사된다. 결국 딱신은 1782년 왕위에서 쫓겨나 살해되고 아유타야의 귀족 짜끄리가 새 왕조를 수립하였다. 이것이 현재까지 이어지고 있는 짜끄리 왕조 또는 방콕 왕조이다.

라오스의 란쌍 왕조

란쌍은 14세기 중엽 루앙프라방에서 타이족의 일파인 라오족에 의해 건국되었다. 란쌍은 '100만 마리의 코끼리'라는 뜻인데, 루앙프라방 지역은 코끼리가 많이 나기로 유명한 지역이다. 이 지역의 선주민은 오스트로아시아인이었는데 그들은 라오인에 동화되거나 고산 지대로 밀려나 오늘날 고산 지대에 거주하는 소수 민족이 되었다.

라오의 역사는 란쌍의 건국자인 파응움과 함께 14세기 중엽

• 루앙프라방의 왓 씨엥통 사원

제3장 발전과 시련

에 시작한다. 그는 변란을 피해 캄보디아의 수도에서 성장한 한 무앙의 왕자와 캄보디아 공주 사이에서 태어났다. 그 역시 캄보디아 공주와 결혼한 후 고향으로 돌아왔다. 파응움은 여러 무앙과 동맹을 맺고 삼촌이 다스리고 있던 루앙프라방을 정복한 후 1353년 새로운 왕국을 세웠는데 이것이 란쌍이다.

란쌍이 출현하면서 이 지역에 상좌 불교가 본격적으로 퍼지기 시작하였다. 파응움은 캄보디아 왕으로부터 불교 경전들과 함께 프라방 불상을 선물로 받았는데, 그 불상은 실론에서 온 보물이었다.

파응움의 큰아들 삼센타이('30만 명의 타이') 왕 치세의 인구 조사에 따르면 당시 라오족 성인 남성이 30만 명이었다고 한다. 이는 란쌍 왕국 전체 남성 인구의 반이 채 안 되는 것이고 나머지는 타이족이 아니었다. 지금도 라오족은 전체 라오스 인구의 절반 정도밖에 안 된다.

란쌍은 16세기 포티사랏 왕과 셋타티랏 왕 시기에 크게 발전하였고 17세기 쑬리야 웡싸 왕 시기에 전성기를 누렸다. 전성기 란쌍의 지배 영역은 현재의 라오스의 거의 대부분을 포함하였다. 이 시기 왕들은 라오족의 전설을 문자로 정리하고 불교 사원을 적극적으로 건설하였다. 수도를 비엔티안으로 옮겨 라오스 불교의 상징적인 사원인 탓루앙 사원을 건설하고, 이전 수도는 '프라방 불상이 있는 곳'이라는 뜻의 루앙프라방이라 하였다.

이 시기 버마의 뚱구 왕조가 동쪽으로 세력을 확대하여 아유타야를 공격하였는데, 란쌍의 쎗타티랏 왕은 아유타야를 돕기 위해 원병을 이끌고 버마와 끝까지 싸웠다. 쎗타티랏 왕 사후 일시적으로 버마 군대가 비엔티안을 점령하였으나 곧 회복하였다. 쑬리야 웡싸 왕 시기 라오족의 인구는 50만에 이를 정도로 안정을 찾았다.

쑬리야 웡싸 왕 사후 란쌍은 왕위 계승 과정에서 비엔티안과 루앙프라방 왕국으로 나뉘고, 이후 참파싹이 독립하면서 세 나라로 분열되었다. 이후 비엔티안과 참파싹은 딱신의 태국 군대에 점령당하여 태국의 영향을 크게 받게 되었다.

11

버마
대륙부의 최강자

몽골의 침략과 버마의 분열

버마에서는 샨족이 몽골 군에 저항하여 몽골 군을 몰아낸 후 14세기 초 아바 왕조를 세워 상부 버마를 지배하였다. 이들은 버마화된 샨인이었고 피지배층도 대부분이 버마인이었으므로 아바 왕조는 버마인의 왕국이라 할 수 있다. 아바 왕조의 출현은 상부 버마를 안정화시키는 데 크게 기여하였다.

이 시기 북부 고원 지대에는 타이족의 일파로 비교적 최근에 이동한 샨족이 거주하였다. 이들은 아바 왕조와 협력하기보다 경쟁하여, 둘 사이에 싸움도 종종 있었다.

이라와디강 유역의 아라칸과 프롬에는 또 다른 독립 왕국들이 등장하였는데, 이들은 페구와 아바에 대항하여 그 지역의 주도권을 차지하고자 하였다. 이 지역을 통제할 수 없었던 아바는 그중 아라칸을 일종의 독립국으로 인정하였다.

버마족의 파간이 약해지자 곧 몬족이 독립하여 1281년 페구에 왕국을 세웠다. 몬족은 샨족의 침략도 받지 않았고, 당시 성장하는 해양 무역 네트워크와 가까이 위치하여 그로부터 혜택도 입었다.

이로써 파간은 여러 지역의 정치체로 분할되었고, 향후 2세기 동안 이 국가들은 외교와 전쟁을 통해 경쟁하게 된다.

이 시기 버마의 정치체들은 각기 웬만큼 독립을 누리면서도 문화적으로는 더욱 가까워졌다. 버마인들이 프롬이나 뚱구 등 남쪽으로 이동하면서 버마인의 가치관, 언어 그리고 문학이 지역 내에 널리 퍼졌기 때문이다. 15세기 후반에서 16세기 초엽에 이르면 몬족이 주로 차지하고 있던 지역에도 버마의 연대기나 불경 등의 불교 작품들이 퍼져 나가기 시작하였다.

한편, 버마인들이 샨족에게 밀려서 하부 버마로 이동하면서 1350년부터 1500년 사이에 이 지역의 경작지가 3배 이상으로 크게 증가하였다. 쌀 생산 증가와 함께 마른 땅에서도 자라는 면화가 대안 작물로 인기를 끌었는데 이 면화는 윈난을 거쳐 중국에까지 수출되었다. 그 결과 하부 버마는 중국, 인도, 해양부 동남아시아의 무역 허브로 떠오르게 되었다.

남부 페구 왕조의 발전

이 시기 버마의 여러 왕국 중 남부의 페구가 가장 활발한 발전을 보였다. 전해지는 이야기에 따르면 페구를 건국한 와레루 왕은 수코타이의 람캉행 왕의 수비대장이었는데 공주와 눈이 맞아 도망쳤다고 한다. 그는 고향으로 돌아와 몬 반란군에 합류하였고 반란이 성공한 후에 왕위에 올랐다.

페구의 몬 왕국은 하부 버마의 농업 생산력을 확보하였고, 남부 해안 상업의 중심지로서도 번성하였다. 특히 페구는 신소부 여왕(재위 1453~72)과, 승려 출신이며 여왕의 사위로서 왕위를 계승한 담마제디 왕(재위 1472~92)의 치세에 크게 발전하였다. 신소부 여왕이 페구를 다스리던 시기에 말라카 왕국이 동서 교역의 중계지로 크게 발전한 덕분에 페구 역시 동서를 오가는 상선들의 기착지가 되어 성장할 수 있었다.

버마의 위대한 불교 건축물인 쉐다곤 파고다는 이 시기에 건축되었다. 탑에는 부처의 머리카락이 봉안되었다고 하며, 신소부

• 쉐다곤 파고다

여왕과 담마제디 왕이 자신들의 몸무게만큼의 금을 기증하여 탑의 외벽을 장식하였다고 한다. 높이 98미터에 이르는 이 탑은 금판과 다이아몬드, 루비, 사파이어, 토파즈 및 거대한 에메랄드가 있는 보물탑이었다.

담마제디 왕은 불교 개혁을 추진하여 불교계를 정화하였다. 그는 승려의 기준을 강화하여 재심사하고, 승단이 차지한 토지를 국가에 환수시켰다. 담마제디는 또한 기존의 낫 신앙을 불교의 세계관에 통합시켰다.

동남아시아 최대 왕국 뚱구의 버마 재통일

파간이 멸망하면서 일부 버마인들이 시땅강 남쪽으로 이동하여 뚱구 왕조를 세웠다. 뚱구는 14세기 중엽부터 영토를 확장하기 시작하여 15세기 후반 민귀뇨 왕(재위 1486~1531) 시기에 영토를 더욱 확장하였다.

뚱구는 상부 버마에 세워진 아바 왕조와 경쟁하면서 나라를 발전시켰다. 민귀뇨의 아들이자 후계자인 따빈시웨띠 왕의 재위기(1531~50)에 뚱구는 더욱 발전하였다. 그는 1539년에 이슬람교도 용병의 도움을 받아 페구를 정복하고 페구를 뚱구의 수도로 삼았다.

다음 왕인 바인나웅 왕(재위 1551~81) 역시 정복을 계속하여 상부 버마와 하부 버마를 통일하였다. 여전히 아바 왕조의 지배를 받는 상부 버마, 마니푸르의 일부분, 샨족이 지배하는 전체가 조공국이 되었는데 이는 버마가 같은 문화, 언어, 불교 교리를 따르면서 문화적으로 결속하는 데 기여하였다. 그는 1569년 아유타야를 정복하였고 그의 영향력은 란나와 란쌍에까지 확대되었다. 바인나웅 왕의 통치는 동서로는 아라칸에서부터 캄보디아의 국경 지대까지, 남북으로는 윈난에서 하부 버마까지 확대되어 그는 동남아시아 역사상 가장 큰 영토를 지배한 왕이 되었다. 이 과정에서 뚱구 왕국은 서양 무기와 포르투갈 용병 등을 적극 활용하였다.

바인나웅 왕의 후계자들은 지역의 패권을 장악하고자 타이와 라오 국가들을 지속적으로 침략하였다. 동시에 뚱구 왕조는 파간과 마찬가지로 몬족과의 화합을 꾀하고 적극적으로 몬족을 포섭하고자 노력하였다. 따빈시웨띠 왕과 바인나웅 왕은 두 민족 사이의 혼인을 장려하고 즉위식 등의 의례에서 몬 양식을 채용하였다.

그러나 시간이 지나면서 뚱구는 여러 가지 어려움에 직면하였다. 버마는 지방에 왕족을 파견하여 지배하였다. 지방관은 자신의 군대를 유지하고 지역의 세금을 징수하였는데, 시간이 갈수록 그들에 대한 중앙의 통제권이 약해져 갔다. 다른 저지대 지역은 '묘자'라고 불리는 귀족이 지배하였는데, 이들 역시 중앙이 약해지면 중앙 권력에 저항하곤 하였다. 더구나 16세기 말부터 17세기 초 해양 무역은 약해져 가고 중국과의 육로 무역이 활성화되었다. 또한 네덜란드인이 이 지역에 나타나면서 동남아시아의 무역 네트워크를 위협하기 시작하였다. 엘니뇨 현상도 나타나서 지역 전체에 흉년과 기근이 들었다. 바인나웅 왕의 사후에는 버마 외곽의 속국들이 떨어져 나가고 아유타야가 다시 강해져 버마를 위협하였다.

이러한 위협에 뚱구 왕국은 수도를 뚱구에서 상부의 아바로 옮겼다. 아바는 농업이 발달하고 인구가 풍부하였으며 지정학적으로도 외부의 위협으로부터 안전하였다. 또한 내륙에 위치했으면서도 해양 무역에 연결되어 있었고 중국과의 육로 무역도 번영하고 있었다. 더구나 상부 버마는 버마인의 문화에서 가장 중요한 사원과 종교적 성지가 위치해 있고 문학과 수공예 전통의 중심지였다. 뚱구 왕조는 상부 버마를 중심으로 중앙 권력과 군대를 강화하였고 법률 및 재정도 정비하였다. 탈룬 왕(재위 1628~48)은 인구 조사를 실시하여 세금과 노역의 의무를 부과하였으며 중앙의 관리도 늘렸다.

그러나 18세기 중엽에 여러 문제들이 한꺼번에 닥치면서 왕국은 몰락하였다. 마니푸르가 버마를 침략하였고, 샨족 및 페구에 있던 몬 왕국의 지도자들이 반란을 일으켰다. 1752년 페구의 반야달라 왕이 버마 군을 몰아내고 아바를 점령하면서 뚱구 왕조는 멸망하였다.

12

캄보디아
왕조의 몰락

앙코르 왕조의 쇠락

앙코르 왕국은 자야바르만 7세 사후 쇠락의 길을 걷기 시작하였다. 지속적인 전쟁과 불교 사원 건축으로 인해 왕국의 자원은 고갈되고, 높은 세금을 내고 노역을 제공해야 했던 백성들은 반란을 일으켰다. 수리 시설의 관리가 잘 이루어지지 않으면서 관개 시스템 역시 무너지기 시작하였다. 물의 공급이 부족해지면서 농업 생산력이 떨어졌고, 왕국의 경제는 더욱 어려워져 갔다.

외부의 압력도 앙코르 왕조가 무너지는 데 한몫하였다. 13세기 중엽 짜오프라야강의 서쪽에 해당하는 모든 지역과 북부 타이가 앙코르의 영향권에서 떨어져 나갔다. 14세기 중엽에는 앙코르 왕국의 서쪽에 아유타야 왕국이 건국되고, 북쪽에서는 라오족이 란쌍을 건국하였다. 아유타야와 앙코르는 수차례 서로 수도를 공격하였고, 1431년에는 앙코르의 수도가 타이에 점령당하고 약탈당하였다. 수도는 다시 탈환하였으나, 거듭되는 타이의 공격에 크메르의 지배자들은 마침내 1434년경 앙코르를 버리고 남동쪽의 프놈펜으로 천도하였다. 앙코르가 붕괴하면서 메콩 중부와 북부의 중부 및 북부 태국에 새로운 작은 왕국들이 세워졌다.

프놈펜으로의 수도 이전은 대외 교역을 위한 것이기도 하였다. 프놈펜은 메콩강의 서쪽 연안에 위치하여 강을 거쳐 바로 바다와 연결된다. 이는 당시 활발히 진행되던 말레이인의 교역 네트워크에 참여하는 데 유리하였다. 14세기 이후 크메르 왕실은 중국에 자주 사절을 보냈는데, 이는 대외 교역을 위한 것이었다고 한다.

한편 프놈펜은 불교적으로도 신성한 곳이었다. 앞에서 말했듯이 13세기 중엽부터 캄보디아는 힌두교 국가에서 상좌 불교 국가로 변화해 가고 있었다. 팔리어가 산스크리트어를, 불교 승려가 브라만을 대체하였다. 이런 상황에서 아유타야에 의해 파괴

된 시엠립이 아닌, 불교의 신성함이 있고 아유타야로부터 떨어져 있으며 해상 교역에 보다 유리한 프놈펜으로 수도를 이전한 것이다.

왕조가 떠난 앙코르의 장엄한 왕궁과 사원들은 점차 정글에 에워싸이게 되었다. 이후 앙코르 와트는 이따금 부분적으로 보수되었고, 서양인들이 방문하여 그에 관한 기록을 남기기도 하였다. 그러다가 19세기 중엽 프랑스인 탐험가가 방문하고 여행 잡지에 앙코트 와트에 관한 글을 기고하면서 서양인들에게 널리 알려지게 되었다.

타이와 베트남의 간섭

15세기 말부터 캄보디아의 왕위 계승에 타이가 적극적으로 개입하기 시작하였다. 권력에서 밀려난 앙코르의 왕이 아유타야로 도망하자 타이 군이 개입하여 왕위를 되찾아 주기도 하였다. 이러한 현상이 19세기까지 반복적으로 일어났다. 캄보디아는 동남아시아 대륙부를 호령하며 위세를 떨치던 국가에서 타국의 도움으로 왕위를 계승 또는 유지하는 국가로 전락하고 말았다. 17세기 후반부터는 베트남의 정치적 영향도 받기 시작하였다. 지리적으로 캄보디아는 타이와 베트남 사이에 위치한 데다

두 나라와의 국경 지대에 어떠한 자연적 장애물도 없다. 따라서 캄보디아 왕실 내에 분쟁이 생길 경우 두 강국이 어떤 야심을 갖고 있다면 어렵지 않게 개입할 수 있었다.

설상가상으로 이 시기 캄보디아의 경제적 상황도 악화되었다. 캄보디아는 프놈펜 북부의 우동을 중심으로 서양과 지역 내의 국가들과 무역에 참여하였으나 상대적으로 자원이나 매력적인 상품이 적었고, 지리적으로도 중계 무역에 적합한 항구들은 캄보디아보다는 주변국들에 더 많이 위치하였다. 게다가 베트남이 남진을 계속하여 참파의 영토를 정복하면서 이제 메콩강 유역까지 진출하게 되었다. 17세기 말 베트남이 캄보디아 왕위를 놓고 경쟁하는 후계자 중 한 명을 지지하면서 경제적, 영토적 이득을 취하였는데, 이 과정에서 메콩 유역의 지배권이 베트남으로 넘어가게 되었다. 이후 2세기 동안 캄보디아 왕실은 친 태국파와 친 베트남파로 나뉘어 왕위를 놓고 경쟁하였다.

18세기 후반에 이르러 태국 역시 캄보디아의 영토를 획득하기 시작하였다. 태국은 캄보디아를 점령하고 캄보디아 왕위 계승에 관여하여 다음 왕(엥 왕, 재위 1794~97)을 방콕에 머물게 하였다. 캄보디아 왕은 태국의 지지로 왕위에 오르는 대신 태국과 가까이 위치한 바탐방과 시엠립을 넘겨줘야 했다.

짠 왕(재위 1806~35)은 타이와 베트남 둘 다와 조공 관계를 유지하는 조건으로 왕위에 올랐다. 그러나 그는 친 베트남적인 성향이 보다 강하였는데, 친 태국적인 그의 세 동생이 모두 방콕으로 망명하면서 그들 사이에 권력 투쟁이 일어났다. 짠 왕은 타이 군에 위협을 받을 때 베트남 군의 도움을 받았고, 태국을 경계하였다. 이 과정에서 캄보디아 왕실의 베트남 의존과 베트남의 정치적 영향력은 더욱 커져, 짠 왕 사후 후계자인 여왕이 베트남에 의해 결정되었다. 베트남은 캄보디아를 베트남의 한 지방으로 편입하여 지배하고 캄보디아인들을 동화시키고자 하였다. 베트남 식 성과 이름이 주어지고 베트남인의 캄보디아 이민도 권장되었다.

그러나 베트남이 상좌 불교를 억압하고 여왕을 납치하자 지방의 실력자들과 불교 승려들이 베트남에 저항하기 시작하였다. 그들은 타이에 도움을 청하고 짠 왕의 동생인 두옹 왕자를 추대하였다. 같은 상좌 불교를 숭배한 타이 군은 불교의 수호자를 자처하면서 베트남에 진입하였다. 태국과 캄보디아 군이 베트남 군을 몰아냄으로써 두옹이 캄보디아의 왕으로 등극하였다. 왕위를 둘러싸고 1811년부터 시작된 혼란이 1847년에야 끝난 것이다. 이 시기 동안 수많은 반란과 저항 운동이 일어났고 베트남에 대한 적대감은 커져 갔다. 오늘날 베트남과 캄보디아 사이에 존재하는 적대감의 상당 부분은 이 시기부터 비롯된 것이라 할 수 있다.

13

인도네시아
마자파힛과 마타람 왕국

자바의 강력한 왕국 마자파힛

인도네시아의 가장 큰 두 섬인 수마트라와 자바에 여러 왕국들이 등장하였으나, 어느 왕국도 현재의 인도네시아 전체를 다스리지는 못하였다. 인도네시아의 섬들은 지리적으로 떨어져 있었고, 자바 자체도 큰 섬인 데다 자연적으로 거대한 삼림에 막혀 하나의 왕국으로 통합되지 못하고 섬의 여기저기에 군소 왕국들이 출현하였다. 그중 강력했던 두 왕국이 자바의 마자파힛과 마타람이다. 수마트라에 위치한 아체 역시 강하고 부유한 왕국이었다.

아체는 수마트라섬의 북단에 위치하여 지리적으로 중요한 지역이었다. 포르투갈의 말라카 점령 이후 아체, 조호르의 말레이 왕국 그리고 말라카의 포르투갈은 종종 전쟁을 일으키며 무역항의 주도권을 놓고 경쟁하였다.

컬타라자사 왕이 동부 자바 마자파힛을 수도로 삼아 건국한 마자파힛 왕국(1293~1527)은 인도네시아 역사상 가장 강력한 왕조였다. 컬타라자사의 후계자들은 영토를 확장하고 중앙집권을 강화하여 영토의 외곽 및 속국에서도 세금과 물자를 걷을 수 있었다. 이전에는 단지 조공이나 종교적 의례를 위한 제물 등만을 받았던 것에 비하면 중앙의 권력이 강해졌음을 알 수 있다. 세금 징수가 증가한 것은 도로 및 상업 네트워크의 확대와 증가하는 향신료 수요로 얻은 수입 덕분이었다. 향신료 무역의 성장은 경제의 중심이 수마트라의 스리비자야에서 자바에 기반을 둔 나라들로 이동하게 된 가장 중요한 이유였다.

마자파힛 왕국 시기까지 자바의 지배자들은 문화적, 종교적 다양성을 포용하고 그들의 문화를 만들어 갔고, 지역적 다양성이 자바인의 전통 안에 포용되었다.

마지파힛의 왕들의 권력은 확대되었지만, 전통적인 지주 엘리트 계층과 권력을 놓고 경쟁해야 했고, 이들을 완전히 누를 만큼

강한 힘을 보유하지 못하였다. 첫 두 왕의 재위 시기 동안 마자파힛 왕국은 반란을 진압하고 동부 자바를 장악하는 데 힘을 기울였다.

두 번째 왕인 자야나가라 왕 때 자바 귀족의 반란이 있었는데, 이는 당시 근위군 장교 가자 마다에 의해 진압되었다. 그런데 가자 마다는 왕에게 아내를 빼앗기게 되자 왕실 의사를 매수하여 왕을 암살하였다. 왕이 후계자 없이 사망하자 컬타라자사 왕의 넷째 아내의 딸이 왕위를 계승하였다. 이어 그녀의 아들이 1350년 왕위에 오르는데 그가 하얌 우룩(재위 1350~89)이다. 하얌 우룩의 치세 동안 마자파힛은 영토를 크게 확장하고 번성하였다. 그는 재상 가자 마다의 보좌를 받았는데 가자 마다는 뛰어난 능력으로 왕을 보좌하고 자신도 막강한 권력을 누렸다.

마자파힛은 동부 자바, 발리, 마두라를 지배하였고, 서부 자바와 보르네오, 셀레베스, 숨바와의 일부분에도 영향력을 끼쳤다. 또한 말라카 해협에서도 힘을 과시하였다. 하지만 마자파힛의 이러한 영광의 순간은 비교적 짧은 시간 동안만 지속되었다. 14세기 마자파힛의 역사는 연대기 『나가라컬타가마』와 『파라라톤』을 통해서 짐작할 수 있다.

하얌 우룩 왕 사후 마자파힛은 빠르게 쇠락하였다. 이는 귀족

간의 경쟁으로 인해 전쟁과 중계 무역의 중심지로 성장한 말라카 때문이었다. 16세기 초 마자파힛은 자바 전체가 아니라 직접적인 지배지만을 통치하는 작은 나라로 전락하였다. 자바 북쪽 해안에서 이슬람 국가들이 성장하기 시작하면서 마자파힛은 더 약해져 갔다. 힌두·불교 왕국이었던 마자파힛은 자바 동북부 해안 지대의 이슬람 왕국 데막에 의해 1527년 멸망하였다.

마타람 왕국의 발전과 술탄 아궁

17세기 초 중부 자바에는 마타람이, 북동부에는 수라바야가 등장하여 강력한 왕국들로 성장하였다. 특히 마타람 왕국(1586~1755)은 이 시기 자바에 출현한 여러 왕국들 중 가장 강력하고 오래 존속한 왕국이다.

마타람 왕국은 16세기 중엽 파나나한 왕의 재위기에 영토를 크게 확장하였고, 술탄 아궁(재위 1613~46) 시기에 전성기를 맞았다. 술탄은 이슬람교의 정치적 지배자이고, 술탄 아궁은 '위대한 술탄'이라는 뜻이다.

술탄 아궁은 자바 역사에서 가장 위대한 왕으로 알려져 있다. 호칭에서도 알 수 있듯이 그는 이슬람교도였는데, 이슬람화를 추진하면서 동시에 오랫동안 지속된 자바인의 문화와 정체성과

도 조화시킨 왕이었다. 그는 자바의 동쪽과 북쪽 해안 지대로 진출하여 여러 군소 왕국들을 격파하였고 해군을 창설하였다. 또한 자바 동쪽의 경쟁자였던 수라바야 왕국과 주변국을 압박하여 마침내 수라바야를 멸망시키고 중부 자바와 동부 자바 전체를 손에 넣었다. 술탄 아궁의 정복 전쟁은 계속되어 서부의 반떤 왕국을 제외한 자바 전체가 그의 세력권이 되었다.

그러나 여러 군소 왕국들을 마타람의 권위 하에 둔 지배는 언제든지 분쟁으로 이어질 수 있었다. 또한 왕국이 크게 확대되면서 많은 지역이 전쟁으로 황폐화되었고, 몇몇 지역에서는 전쟁으로 인한 식량 부족 때문에 인구가 크게 줄었다. 왕국은 또한 내부의 폭동에도 직면하였다. 폭동은 진압되었지만 마타람은 이제 네덜란드 동인도회사의 도전을 받게 되었다.

14

말라카 왕국
말레이시아 역사의 시작

동서양을 잇는 중계 무역항

말레이시아의 역사는 말라카 왕국의 건설과 함께 시작된다. 중국과 서양의 기록에 말라카 왕국이 나타나기 이전에도 말레이반도에 몇몇 나라가 있었지만 이 나라들이 현재의 말레이시아로 이어진다는 증거는 없기 때문이다. 말라카 왕국 시기부터 이슬람교도이자 말레이어를 말하는 사람들이 스스로를 말레이라 부르기 시작하였다.

말라카를 건국한 파르메스와라는 수마트라 팔렘방의 왕자였는데, 마자파힛의 하얌 우룩이 팔렘방을 공격할 때 말레이반도 남쪽의 떼마섹이라는 곳으로 망명하였다. 그는 떼마섹에서 사자를 보고는 '사자의 나라'라는 뜻의 싱가푸라라고 불렀는데, 이곳이 지금의 싱가포르이다. 1402년 그가 말라카로 근거지를 옮기면서 말라카 왕국이 탄생하였다.

말레이반도와 인도네시아 수마트라섬 사이에 위치한 말라카 해협은 중국, 일본, 인도와 중동, 동아프리카, 유럽 사이에서 무역하는 무역선들이 반드시 통과해야 하는 지역이다. 무역풍도 말라카 해협에서는 잠잠해져서 이곳을 항해하는 무역선들은 무역풍이 바뀌기를 기다리는 동안 이곳에서 쉬면서 물자를 공급받고 토착 상품을 구입하였다. 그래서 이 해협은 해적이 많기로도 유명하였다. 파르메스와라는 해적질을 일삼던 이 지역의 해상민 '오랑 라웃'에게 도움을 청하고 유대 관계를 잘 유지하며 그들을 통해 해적을 통제하였다.

말라카는 중계 무역항의 역할을 하며 반세기 안에 아시아에서 가장 부유한 상업 항구가 되었다. 말라카는 이 지역을 지나는 배들을 해적으로부터 보호하고, 무역상들이 세계 여러 지역의 무역상들을 만나 상품을 교환할 수 있으며, 창고 등의 시설 및 관리 체계를 갖춘 데다가 과도한 세금을 부과하지 않았기 때문이다. 이러한 무역 정책은 현재의 싱가포르에까지 이어지고 있다.

초기 말라카의 상업적 성공은 중국 명나라와의 특별한 외교 관계 덕분이었다고 한다. 말라카는 당시 성장하고 있는 타이의 아유타야 왕국을 경계하여 중국에 사절을 보내고 왕이 직접 사절을 이끌기도 하였다. 중국의 항구들에서 무역을 하고자 하는 상인들이 말라카에 정박하면 특별한 대접을 받을 수 있었다고 한다. 중국 명나라에서 동남아시아와 아프리카까지 파견한 정화의 선단은 1405년부터 1433년까지 말라카를 여러 번 방문하였는데, 그들은 말라카에서 극진한 대접을 받았다. 명나라 선단의 방문은 말라카가 동남아시아에서 중국이 가장 선호하는 항구라는 사실을 확증하는 역할을 하였다.

파라메스와라 왕은 이슬람으로 개종한 후 무슬림 무역상들에게 말라카 항구를 이용하도록 권장하였다. 당시 무슬림 무역상들은 동서 교역을 활발히 이끌던 주역이었다. 이슬람교는 13세기부터 동남아시아에 전파되기 시작하였는데, 특히 인도에서 이슬람 왕국인 무굴 제국이 건국하고 발전하면서 더욱 널리 퍼졌다. 말라카는 이슬람의 학자들을 후원하고 이슬람교 전파를 지원하였는데, 이슬람교 후원은 말라카의 지배력이 말라카 해협의 다른 항구들까지 미치는 데 정당성을 부여하였다. 말라카의 왕 아래에는 '븐다하라'라는 재상이 있었는데, 15세기 유능한 븐다

하라인 뚠 페락은 말라카의 최고 전성기를 이끌었다.

말라카는 교역 기반에 필요한 시설들을 건설하고 해상 교역에 관한 법도 정비하였다. 16세기 초 포르투갈 방문객의 기록에 따르면 말라카는 세계 각국에서 온 교역상들로 붐비는 국제 도시였다. 말라카에서는 금, 다이아몬드와 같은 귀중한 물품부터 인도에서 온 직물, 말루쿠에서 온 향료, 자바에서 온 염색 직물과 카펫, 중국에서 온 비단과 도자기, 그리고 필리핀에서 온 설탕과 노예도 살 수 있었다. 말라카의 거리에서는 84개의 다른 언어가 사용되었고 출신 국가별 거주지와 공동체도 건설되어 있었다. 외국인 공동체는 해당 민족의 지도자에 의해서 관리되었다. 그들을 항구의 관리장이라는 뜻의 샤반다르라고 불렀다. 15세기 후반까지 샤반다르는 무역 중개인으로 활동하며 상인들로부터 판매 물품의 1퍼센트를 받았다. 샤반다르는 또한 방문하는 상인들에게 작은 배와 물품을 운반할 수 있는 코끼리를 제공하였고, 군대가 없었던 말라카 왕국에 유사시 군대를 제공하기도 하였다.

포르투갈의 점령

그러나 번영은 오래가지 못했고 말라카는 1511년 포르투갈에 의해 멸망하게 된다.

포르투갈인들은 1세기 동안 아프리카를 돌아서 동양에 이르는 바닷길을 찾고자 노력하였다. 유럽인들을 아시아로 향하게 한 동기를 흔히 '3G'라고 설명한다. 신(God, 기독교), 황금(gold, 부), 영광(glory, 왕국의 명예)이 그것이다. 포르투갈의 동양 진출 목적 역시 무슬림을 몰아내고 향료 무역을 독점하며 기독교를 전파하는 것이었다. 당시 향신료는 아라비아반도를 거쳐 유럽에 전해졌기에 유럽인들은 향신료 무역의 이익을 직접적으로 얻을 수 없었다. 또한 유럽인들은 무슬림이 장악하고 있는 중동 지역을 넘어가면 그 뒤 동쪽에 또 기독교도가 있다고 믿었기에, 대서양 연안에 위치하여 기존의 향신료 무역에서 배제되었던 포르투갈과 스페인은 바닷길을 통해 아시아에 오려고 노력하였다.

마침내 포르투갈의 탐험가 바스코 다 가마가 포르투갈 왕의 후원 아래 향료와 기독교도를 찾아 아프리카 대륙의 남단 희망봉을 돌아 1497년 인도에 도착하였다. 이 항로를 통해 아시아로 항해할 수 있게 된 포르투갈인은 1510년 인도 서부의 고아를 점령하고 1511년 말라카를 포위하였다. 포르투갈은 말라카와 우호 협정을 맺고자 사절을 보냈으나 거절당하자 말라카를 점령하기로 마음먹었다. 포르투갈이 1,200명의 병력과 대포로 말라카를 공격하였으나 말라카도 대포로 맞서며 두 달 동안 포르투갈

• 1753년에 세워진 말라카의 그리스도 교회당

의 공격을 버텨 냈다. 그러나 말라카는 내부적으로 분열되어 결국 패배하였고, 포르투갈의 무역 기지로 전락하고 말았다.

　포르투갈은 말라카를 점령하였으나 인도양의 교역을 독점하지는 못하였다. 포르투갈의 점령 이후 말라카의 무역 중계지로서의 명성 역시 지속되지 못하였다. 많은 무역상들이 포르투갈의 높은 세금과 비기독교인 차별 때문에 말라카를 떠나갔다.

　말라카가 쇠락하면서 아체가 새로운 무역 중계항으로 발전할수 있었다. 또한 말라카를 탈출한 왕과 왕자들이 주변으로 흩어져 여러 작은 이슬람 국가들의 지배자가 되어 말라카와 경쟁하였다. 말라카 술탄의 후손은 조호르에 정착하여 후일 말라카, 아체와 함께 말라카 해협을 두고 경쟁할 정도로 발전하였다.

15

필리핀
유일한 기독교 지역

스페인의 정복과 기독교화

스페인이 침략하기 전의 필리핀 모습을 말해 주는 구체적인 자료는 없다. 필리핀이라는 지금의 국명도 스페인의 펠리페 황제의 이름을 따서 붙인 것이다.

필리핀 거주민은 과거 인도네시아 방면에서 필리핀으로 배를 타고 이주한 사람들인데 이들은 대부분 부족 단위로 생활하였다. 이 촌락을 '바랑가이'라고 부르는데, 바랑가이는 원래 그들이 이주할 때 타고 온 배를 일컫는 말이었다. 바랑가이는 작게는 수십~수백 가구에서 크게는 1,000여 가구로 구성되었다.

필리핀에도 부족장 등의 권력자가 있었고 중국 기록에 등장할 만한 정치체도 형성되었으나, 다른 동남아시아 나라들과 달리 강력한 국가 권력은 출현하지 않았다. 스페인이 지배하기 전 필리핀은 다른 동남아시아 국가 및 중국과의 접촉도 많지 않았다. 필리핀이 지리적으로 주변의 국가들과 가까운 것 같아도, 주변 바다가 수심이 깊고 거칠며 태풍의 영향도 커서 원활한 교류가 어려웠기 때문이다.

필리핀과 서양인의 최초의 접촉은 1521년 세부에 도착한 포르투갈인 마젤란에 의해서였다. 당시 스페인과 포르투갈은 교황의 명령을 따라 기독교 전파와 이교도의 개종을 그들의 사명으로 받아들였다. 스페인 황실의 지원을 받고 세계 일주에 나선 마젤란은 필리핀 세부에 상륙하여 지역의 지도자를 만났고, 그와 부하들 800명을 기독교로 개종시켰다. 그러나 마젤란은 토착민들 사이의 전쟁에 참여하였다가 전사하였고 270명의 선원 중 겨우 19명만이 스페인으로 돌아갈 수 있었다.

40년 뒤 아메리카 대륙에 거대한 식민지를 건설한 스페인은 종교 및 상업적 목적으로 필리핀도 식민지로 삼기로 결정하였다. 1565년 레가스피의 지휘 아래 스페인 군이 필리핀에 상륙하였고, 1570년 스페인의 펠리페 황제는 필리핀을 식민지로 삼아 기독교화할 것을 선포하였다. 스페인 군대가 1571년 마닐라를 함락시킨 후 토착 부족장들은 스페인의 보호 및 기독교를 받아들이는 데 동의하였다.

기독교는 성공적으로 전파되어 현재 필리핀 인구의 80퍼센트 이상이 기독교도이다. 그러나 기독교 전파는 필리핀 남부에서 큰 충돌을 가져왔는데, 이는 남부의 민다나오에 14세기부터 이슬람교가 널리 퍼져 있었기 때문이다. 스페인 식민 정부는 민다나오와 300여 년간 여러 차례 전쟁을 벌였으나 민다나오의 무슬림(스페인어로 '모로')을 굴복시킬 수 없었다. 두 세력은 1878년에 이르러서야 평화 합의를 맺고 전쟁을 끝냈다.

마닐라의 갤리언 무역

필리핀에서는 계피 외에 다른 향신료가 생산되지 않았고 금 생산량도 많지 않았다. 또한 토착민들은 가난해서 상품을 구입하는 시장으로서도 변변치 않았다. 중국과의 교역도 중국 남부 해안 지대의 해적과 포르투갈 및 네덜란드의 견제로 어려웠다. 이에 스페인 식민 정부는 아시아의 물품과 멕시코에서 생산되는 은을 교환하는 중계 무역을 고안하였다. 이러한 형태의 무역은 1565년부터 1815년까지 지속되었는데, 갤리언이라는 거대한 범선을 동원했기에 '갤리언 무역'이라고도 한다.

매년 7월이나 8월에 마카오의 중국 상인들이 가져온 비단, 면직물 등이 갤리언에 선적되어 멕시코로 출항하였다. 200여 일의 항해 후에 멕시코 아카풀코에 도착하면 몇 개월 머무르며 은과 함께 새롭게 필리핀 식민 정부로 파견되는 스페인인과 신부를 싣고 그다음 해 2월이나 3월에 다시 마닐라로 출항하였다. 폭풍과 해적 때문에 쉽지 않은 항해였으나, 마닐라 갤리언 무역은 무사히 멕시코에 도착만 하면 500퍼센트에 달하는 매우 큰 수익을 볼 수 있었다.

스페인의 필리핀 식민 지배는 다른 동남아시아 국가에서는 비슷한 사례를 찾아볼 수 없을 정도로 이른 시기부터 총체적으로 이루어졌다. 필리핀 총독이 마닐라에 상주하면서 지배를 총괄하였다. 지방은 주로 나뉘고, 주 아래 푸에블로, 그 아래는 바랑가이 또는 바리오로 나뉘었다. 바랑가이는 보통 40~50세대로 구성되었다. 전통적 지배층이 촌락 단위에 존속하였으나 실질적인 통치자는 푸에블로의 사제들이었다. 마닐라 밖의 모든 지역은 교회가 다스렸고, 사제가 전도와 교육 외에 세금을 걷는 일까지 담당하였다. 남부를 제외한 영토 전체에 걸쳐 아주 이른 시기부터 식민 지배를 받았기에 그 영향 또한 컸다.

필리핀에서 최고의 특권을 누린 집단은 스페인인이었다. 스페인인은 정부와 교회를 감독하고 마닐라에 거주하였으며, 극소수만이 토착민의 언어를 배웠다.

스페인인 아래에는 스페인인과 필리핀인 또는 중국인과의 결혼으로 태어난 혼혈인 메스티소가 있었다. 오늘날 필리핀 정치, 경제의 지도자들은 대부분 메스티소들의 후손들이다. 그 밖에 몇몇 필리핀 부족장 가문들도 높은 지위를 누렸다.

그다음이 중국 이민자들이었는데, 이들은 대개 상인이나 기능공이었고 기독교로 개종하거나 필리핀인들과 결혼하였다. 중국인들은 무역 중개인으로 활약했지만, 중국인이 지나치게 부유해지고 숫자가 증가하면 위협적인 세력으로 간주되어 스페인 군에게 대규모로 살육당하기도 하였다. 그럼에도 중국인의 숫자는 계속 증가하여, 18세기에는 식민 정부가 비기독교 중국인의 추방 명령을 몇 차례에 걸쳐 내리기도 하였다.

대부분의 필리핀인을 스페인인들은 '인디오스(인도 사람)'라고 불렀다. 이들은 식민 사회의 기층을 형성했으며 많은 법적 제약 아래 있었다. 18~60세 사이의 남성은 매년 노역, 상품, 향료를 세금으로 내야 했다. 식민지가 되기 전 필리핀에서는 여성이 높은 사회적 지위를 누렸으나, 스페인 문화와 교회는 여성들의 행동에 많은 제약을 가하였다.

18세기에 들어서면서 토착인들이 장기적이고 복합적인 반란을 일으켜 정권에 도전하였다. 비자야에서는 다고호의 반란이 일어나 80여 년간 지속되었고, 루손에서는 타갈로그 폭동이 일어나기도 하였다.

제4장

서양과의 조우
(1800~1900년)

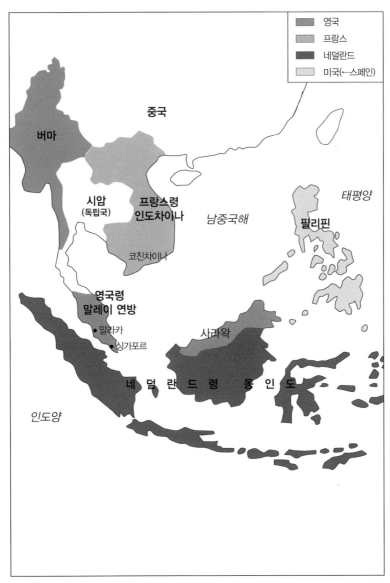

레전드:
- 영국
- 프랑스
- 네덜란드
- 미국(←스페인)

중국

버마

시암
(독립국)

프랑스령
인도차이나

코친차이나

남중국해

태평양

필리핀

영국령
말레이 연방

• 말라카

• 싱가포르

사라왁

네 덜 란 드 령 동 인 도

인도양

• 1900년 무렵의 동남아시아 식민지들

16

인도차이나
프랑스와의 조우

서구 제국주의의 동남아시아 진출

유럽의 제국주의는 두 단계로 나누어 이해할 수 있다.

먼저 대략 1500년경부터 1800년까지의 시기를 구 제국주의 시기(Old Imperialism)라고 한다. 이 시기 유럽의 제국주의는 무역 네트워크의 중요 지점에 거점을 세우는 일에 집중하였다. 즉, 영토를 차지하는 것이 아니라 해양 무역 네트워크에 속해 있는 항구를 점령하여 안전하게 배를 정박하고 물품을 싣는 무역에 참여하는 것이 주요 목표였다. 이 단계를 주도했던 국가는 포르투갈과 스페인으로, 그들의 주요 목적은 무역과 기독교 전파였다.

포르투갈은 800척의 배를 보유하였고 말라카를 비롯한 아시아의 몇몇 항구를 통제하였지만 인도양의 교역을 독점하지는 못하였다. 그럼에도 포르투갈의 말라카 점령 이후 4세기에 걸쳐 포르투갈, 스페인, 영국, 네덜란드의 무역상들과 후일에는 식민 관리들이 동남아시아로 향하였다.

영국과 네덜란드는 초기에는 동인도회사를 통해 동남아시아에 진출하였는데, 그들은 신교도들로 기독교 전파에는 관심 없이 무역의 이익에 집중하였다. 또한 이들의 목표는 동남아 무역의 주도권을 잡거나 독점하는 것이지 영토 그 자체는 아니었다.

19세기 들어 영국이 산업화를 이루고 이어 독일, 이탈리아, 미국 등 새로운 민족국가들이 탄생하였다. 산업화를 통해 물건을 대량으로 생산하게 되면서 이전과는 비교할 수 없는 양의 원자재가 필요하게 되었다. 유럽인들은 16세기에는 향신료를 찾아 동남아시아로 왔지만 이제는 주석이나 석탄 등의 광물, 쌀이나 설탕 등의 농산물, 풍부한 노동력, 마지막으로 세계 무역에서 갖는 동남아시아의 지정학적 위치 때문에 앞다투어 동남아시아로 향하였다.

인도에서 가까운 미얀마와 말레이시아는 영국의 손에 떨어졌다. 특히 영국에게 인도는 '영제국 왕관의 보석'이어서, 인도를 지키기 위해 근방까지 식민지로 삼은 것이다.

아프리카에서 영국과 경쟁하던 프랑스는 인도차이나반도로 진출하여 마침내 베트남을 식민지로 삼고, 캄보디아와 라오스는 왕실을 존속시킨 채 보호국화하였다.

네덜란드는 인도네시아 전역을 장악하여 인도네시아 역사상 처음으로 한 통치 권력 아래 나라가 성립되었다.

열강 사이에서 태국만이 기민한 외교 정책으로 독립을 유지하였다.

응우옌 왕조의 대응

1540년경 호이안에 진출한 포르투갈 사람들을 선두로, 네덜란드인과 영국인들도 베트남에 대리점을 설치하며 교역 활동을 시작하였다. 베트남이 남북으로 분열되어 있었기에, 포르투갈인들은 마카오를 근거지로 베트남 남북의 찐, 응우옌 모두와 무역 관계를 수립하였고, 응우옌씨에게는 대포 제작법을 가르쳐 주기도 하였다. 1567년 명나라가 대외 무역을 금지한 해금 정책을 해제하면서 많은 중국인이 베트남으로 와서 남북으로 분열된 베트남 사이에서 무역에 종사하여 이득을 얻었다. 그러나 베트남 남북 간에 평화가 지속되고 외국 상품에 대한 수요가 크지 않아서 유럽인의 베트남 무역은 점차 쇠락하여 갔다.

19세기 전까지 프랑스는 베트남에서 무역이나 점령보다 선교 활동에 더 큰 관심을 가졌다. 16세기 중엽 이후 몇몇 유럽 선교사가 베트남에서 포교 활동을 하였는데, 특히 17세기에는 예수회 선교사들이 활발히 활동하였다.

예수회 선교사인 프랑스인 알렉상드르 드 로드는 1624년 베트남에 온 이후 몇 차례 추방되다 로마로 돌아갔다. 그는 교황을 설득하여 동아시아 지역 선교를 위하여 파리 외방전교회를 조직하였다. 이후 많은 프랑스인 선교사들이 베트남과 캄보디아로 파견되어 기독교를 전파하였다. 로드는 또한 베트남어를 배워 라틴어-베트남어 대역 교리 문답과 사전을 편찬하였다. 이를 위해 그는 베트남어를 로마자로 표기하였는데, 이것이 오늘날 베트남에서 사용하는 알파벳인 '꾸옥 응우'의 모태가 되었다.

한편 기독교로 개종하는 사람들이 늘어나면서 이들에 대한 박해가 시작되었다. 프랑스 선교사들은 베트남에서 포교의 자유를 얻고 베트남 왕실을 개종시키고자 하는 원대한 꿈을 갖고, 베트남이 나뉘어져 싸울 때 남부 응우옌씨의 지도자인 응우옌 푹 아인을 적극 지원하였다. 특히 아드란 주교는 응우옌 푹 아인에게 프랑스 세력의 원조를 받을 것을 권유하였다. 그는 프랑스와의 교섭에 필요한 전권을 위임받아 첫째 왕자를 데리고 프랑스로 떠났다. 주교는 프랑스에 도착하여 루이 16세를 만나 조약을 추진하였다. 그러나 당시 프랑스 국내적으로 혁명의 조짐이 있는 데다 프랑스 조정의 의견이 일치하지 않아 프랑스의 원조는 수포로 돌아갔다. 이에 주교는 스스로 자금을 마련하여 무기를 구입하고 의용병을 모집하여 베트남으로 보냈다. 의용병의 수는 300명밖에 되지 않았기에 응우옌 군대에 큰 도움은 되지 못하였으나, 덕분에 1802년 응우옌 왕조가 성립한 후 기독교는 포교의 자유를 얻었다.

그러나 응우옌 왕조가 모든 서양인들에게 호의적인 것은 아니었다. 1804년 영국 사절이 다낭에서 무역 담당 주재원의 거주 신청을 했을 때, "영국인들은 교활하고 속임수를 쓰며 인종이 다르다"는 이유로 허가를 받지 못하였다. 응우옌 왕조에 도움을 준 프랑스에만 무역 상의 편의를 제공하고, 통상 관계를 수립하기 위한 사절을 파견하기도 하였다.

그러나 이러한 베트남의 태도는 응우옌 왕조의 개창자인 쟈롱 황제가 죽은 후 변하였다. 쟈 롱 황제의 아들인 민 망 황제는 유학을 깊이 공부한 유학자였고 기독교도를 배척하였다. 그는 서양 문물 자체는 배척하지 않았고 서양과의 통상 및 교류 역시 금지하지 않았다. 오히려 베트남 조정에서 서양과 단교할 것인지 논의할 때 서양과의 지속적인 접촉의 필요성을 설파하였다. 그는 서양 세력의 침략에 대해 알고 경계하였지만, 동시에 서양 기술 및 서양에 대한 최신 정보의 필요성을 잘 알고 있었다. 서양의 배를 구입하여 그 원리를 알고자 하였고, 동남아시아와 중국에 배를 보낼 때는 필요한 물자 외에도 서구 문물과 책 등을 구입케 하였다. 그러나 그는 서양 상인들이 베트남에 장기 거주하는 것을 허가하지 않았고, 1825년에는 기독교에 대해 금령을 내렸다.

1830년대에 베트남 남부에서 일어난 레반코이의 반란에 기독교도들이 연관된 것이 드러나자 기독교에 대한 박해는 심화되었다. 프랑스 선교사들과 베트남인 기독교도들이 처형당하였고, 선교사를 숨겨 주는 사람도 극형에 처해졌다. 그러나 박해에도 불구하고 베트남의 기독교도들은 계속 증가하였다.

민 망 황제의 뒤를 이은 티에우 찌 황제는 기독교에 대한 박해를 완화하고 프랑스를 비교적 우호적으로 대하였다. 그러나 1847년 프랑스 함대가 다낭에서 베트남 함대를 침몰시키는 사건이 발생하자 기독교에 대한 박해는 다시 강화되었다. 뜨 득 황제는 더욱 탄압을 강화하고 쇄국 정책을 지속해, 서양 선교사뿐만

제4장 서양과의 조우

아니라 선교사들을 숨겨 준 신자들까지도 모두 사형에 처하였다. 1848년부터 1860년까지 유럽인 선교사 25명, 베트남인 사제 300명 그리고 베트남인 신도 2만 명 이상이 처형당하였다.

프랑스의 침략과 식민지화

1858년 중국과 영국·프랑스·미국·러시아 4국 각국 간에 톈진 조약이 체결되자, 프랑스는 자국 신부들의 보호와 종교의 자유를 요구하며 중국에 있던 함대를 베트남 다낭에 파견하였다. 1857년에 스페인 신부가 처형당한 사건을 계기로 스페인 군대도 여기에 합류하였다. 군대를 파견한 표면상의 이유는 종교의 자유였으나, 프랑스의 제국적 야심, 인도차이나반도를 통해 중국 시장에 접근하려는 상업적 기회, 그리고 아시아를 무대로 한 유럽 열강 간의 경쟁이 베트남 침략의 진짜 이유였다.

프랑스가 베트남에 본격적으로 진출하려 하자, 베트남 조정은 주전파와 주화파로 나뉘었다. 주전파는 유교를 강조하고 기독교를 반대하였으며, 유럽군에 대항해 성을 잘 지키자는 전략을 내세웠다. 주화파는 유럽 무기의 우월성을 인식하고, 저항을 계속한다면 베트남 백성들이 더 고통받을 것이라고 생각하였다. 그들은 프랑스의 의도는 상업이므로 베트남 영토를 점령하려는 의

도가 없을 것으로 잘못 판단하고, 협상을 통해 프랑스의 진출을 저지할 수 있을 것이라고 생각하였다.

유럽 군의 베트남 중부 공략은 견고한 방어와 이질, 콜레라 등 전염병 때문에 예상보다 어려웠다. 그러자 프랑스 군대는 남쪽으로 방향을 틀어 쟈딘성 인근을 함락하였다. 베트남 군대는 프랑스의 우수한 화기에 밀렸고, 베트남 조정은 북부의 반란 때문에 남쪽에 충분한 지원을 할 수가 없었다. 주화파의 주장이 받아들여져 1862년 사이공 조약이 체결되고 메콩 델타의 3개 성이 프랑스 치하에 넘겨졌다. 이어 프랑스는 쟈딘성과 그 일대를 점령하였고, 1867년까지 메콩 델타 전체를 점령하기에 이르렀다.

프랑스는 베트남을 통해 중국 시장에 진출할 계획이었는데, 메콩강을 통해 중국에 이르는 것이 쉽지 않다는 것을 알게 됐다. 이에 북부 통킹 지역의 홍강을 통하여 중국으로 가는 길을 얻고자 하였다. 1881년 두 명의 프랑스인이 홍강을 통해 중국 윈난으로 가다가 저지당하고 프랑스 군이 베트남 군과 충돌하자, 프랑스는 이를 기화로 1883년 대규모 병력을 파견하였다. 마침 베트남은 뜨 득 황제가 사망하고 1년에 황제가 네 번이나 교체되는 제위 계승 분쟁으로 프랑스의 침략에 제대로 대응할 수 없었다. 베트남과 프랑스는 1884년 파트노트르 조약을 맺어 베트남이 프

제4장 서양과의 조우

랑스의 보호국임을 선언하였다.

베트남은 앞서 1882년 중국 청나라에 도움을 요청한 상태였는데, 1884년 베트남이 프랑스의 보호국이 되면서 프랑스와 청나라 간에 전쟁이 일어났다. 청·프 전쟁은 1885년 양국 간에 두 번째 톈진 조약이 체결되며 끝났다. 이 조약으로 청나라는 베트남에 주둔하던 군대를 철수하고, 베트남에 대한 프랑스의 보호권을 인정하였다. 같은 해 청나라는 일본과도 톈진 조약을 맺어 조선에 대한 청·일 양국의 동등한 권리를 인정하면서 중국 중심의 동아시아 질서는 무너지게 된다.

1897년 프랑스는 베트남을 남부 코친차이나(프랑스 직접 통치), 중부 안남(베트남 황실이 명목상 지배), 북부 통킹(프랑스와 베트남의 지배)의 셋으로 나누고 여기에 캄보디아와 라오스를 더해 인도차이나 연방을 출범시켰다. 1897년에서 1902년 사이 폴 두메르 총독 아래서 모든 행정은 통합되었고, 통킹 보호령은 프랑스의 직접 통치를 받는 지역으로 변환되었다.

프랑스는 강압과 회유를 통해 베트남을 지배하였다. 프랑스의 영향은 코친차이나에서 더 강했는데, 이 지역은 일찍부터 프랑스 관리의 직접 지배를 받고 있었기 때문이다. 많은 베트남인들이 프랑스 문화와 언어를 배우고 기독교로 개종하였다. 프랑스는 베트남의 천연 자원을 수탈하고 프랑스 상품의 판매 시장으로 삼았다. 이로써 베트남의 경제는 세계 경제와 점차 밀접한 관계를 갖게 되었다. 수출을 위한 쌀 경작지와 고무 플랜테이션이 확대되었다. 마을의 자치는 점차 프랑스 관리의 지배로 바뀌어 갔고, 각종 세금이 도입되어 세금 부담이 점점 커져 갔다.

응우옌 왕조의 개혁 시도와 베트남인의 저항

프랑스의 침략이 본격화되던 시기, 베트남에는 유럽에 직접 가 보았거나 동남아시아의 유럽 식민지를 방문하여 서구 나라들의 강력함을 직접 경험한 지식인들이 있었다. 몇몇 정부 관리들은 프랑스의 개입을 막고자 독일 등 다른 외국과 외교 관계를 수립하는 것을 고려하기도 하였다.

개혁을 지지한 지식인들 중 가장 유명한 사람은 응우옌 쯔엉 또이다. 그는 기독교도였고, 박해를 피해 프랑스 신부와 함께 페낭과 홍콩 등을 여행하였다. 1863년부터 1871년까지 그는 조정에 15개 이상의 개혁안을 제출하였다. 응우옌 쯔엉 또의 개혁안은 프랑스와의 평화 조약, 베트남 기독교도에 대한 태도 재고, 조정과 관료 제도의 개편, 실용적인 학문과 외국어 교육, 근대식 군대의 창설, 조세 제도의 개혁 등 베트남 조정과 사회의 광범위한 문제에 걸친 것이었다. 뜨 득 황제는 그의 개혁안에 관심을 보였으나, 베트남의 유교적 전통 때문에 서양을 여전히 오랑캐로 여겼기 때문에 개혁안에 소극적이었다. 그러나 응우옌 쯔엉 또의 사상은 다음 세대의 개혁자들에게 영감을 주었다.

한편, 베트남이 프랑스의 식민지가 되면서 베트남 각지에서 저항 운동이 일어났다. 1885년 어린 나이에 즉위한 함 응이 황제가 딴서산으로 탈출하여 저항 운동을 전개하면서 프랑스에 대한 저항은 전국적으로 확대되었다. 이를 '깐브엉(근왕) 운동'이라 한다. 황제의 저항 칙령을 따라 전국의 유생들, 농민들 및 일부 관료들이 저항 운동을 조직하였고, 그중 전직 관료인 판 딘 풍의 저항 조직은 1895년에 그가 사망할 때까지 활동하였다. 비록 깐브엉 운동은 실패하였지만, 이들의 저항은 후대의 베트남 민족주의자들에게 큰 영향을 끼쳤다.

캄보디아와 라오스의 보호령화

오랜 기간 동안 베트남과 태국의 정치적 영향 아래 있었던 캄보디아에서는 두옹 왕이 즉위하여 양국의 영향력에서 벗어나 왕국을 재건하기 위해 여러 가지로 노력하였다. 그러나 태국의 영향력은 여전히 강해 두옹 왕의 아들들은 방콕에서 인질로 살아야 했다.

캄보디아의 지배자들은 프랑스가 캄보디아를 베트남과 태국으로부터 보호해 줄 수 있을 것이라 생각하였다. 두옹 왕은 기독교 신부의 조언을 따라 1853년 나폴레옹 3세에게 보호를 요청하는 사절을 보냈으나, 태국의 방해로 실현되지 않았다.

10년 뒤 프랑스 군대가 베트남 남부를 점령한 후, 캄보디아에 보호를 제공하겠다고 제안하였다. 캄보디아가 이를 받아들여 마침내 1863년 8월 캄보디아는 프랑스의 보호국이 되었다. 프랑스는 태국에 큰 관심을 보이던 영국과의 사이에서 캄보디아가 완충 지대 역할을 할 수 있고, 또 캄보디아를 가로지르는 메콩강을 통하여 중국 윈난에 다다를 수 있기를 기대하였다.

베트남 전체가 1884년에 프랑스의 보호국이 되면서 캄보디아 역시 같은 해 프랑스의 권한이 강화된 새로운 보호국 조약을 체결하였다.

현재의 라오스는 19세기까지 존재하지 않았다. 라오스는 근대 이전에 경쟁하던 여러 소규모 국가들의 집합체로서 서로 또는 외부의 세력과 경쟁하기도 하고 지배를 받기도 하였다. 전통적인 주요 세력들은 루앙프라방, 시엥쿠앙, 비엔티안, 참파싹 등이었다.

프랑스의 라오스에 대한 관심은 홍강을 통해 중국으로 가는 길을 찾고자 하는 의도에서 시작되었다. 몇몇 탐험가들의 탐험과, 프랑스 제국의 측면에서 영국과의 경쟁도 고려되었다. 라오스라는 국가의 탄생은 이들 식민 제국 간의 경쟁으로 인한 것이었다.

루앙프라방은 1860년까지 태국의 조공국으로 존속하고 있었다. 그러나 중국에서 태평천국의 난이 일어난 후 중국의 피란민과 반란군 등이 라오스로 들어와 왕성을 위협하였다. 이에 루앙프라방 왕은 프랑스에 보호를 요청하였다. 1893년 프랑스는 이 제안을 받아들이고 루앙프라방과 비엔티안을 포함한 메콩강 동쪽의 모든 영토에 대한 권리를 주장하였다. 프랑스는 라오인의 나라들과 산악 지역 부족들을 하나로 묶어 라오스를 탄생시켰다. 프랑스는 이미 1887년 인도차이나 연방을 탄생시켜 캄보디아와 베트남을 행정적으로 하나로 묶었는데 1893년 라오스도 이 체제에 편입시켰다. 이에 인도차이나 연방은 라오스, 캄보디아, 통킹, 안남, 그리고 코친차이나의 5개의 정치체로 구성되었으며, 각 지역은 약간씩 다른 정부 시스템으로 운영하였다.

캄보디아와 라오스는 왕실과 고위 관료들이 존속하면서 프랑스 총독의 관리를 받았다. 베트남과 비교할 때 캄보디아와 라오스에서는 상대적으로 많은 수탈이 행해지지 않았다. 캄보디아는 고무와 쌀 외에 특별한 자원이 없었고, 라오스의 경제적 잠재력은 더 적었다. 실제로 두 지역에서 식민 행정은 지역 내의 수입으로 지출을 충당할 수 없어서 인도차이나의 다른 지역으로부터 지원을 받아야 했다. 프랑스는 베트남인들을 캄보디아로 데려와 관리자와 상인으로 삼았는데, 이는 캄보디아인과 베트남인의 관계를 악화시키는 요인이 되었다.

17

버마
영국의 진출

버마와 영국의 접촉

알라웅파야는 몬족의 반란을 진압하고 꼰바웅 왕조를 세웠다. 꼰바웅 왕조가 세워지면서 몬족이 대거 태국으로 달아났는데, 이는 버마와 태국 사이의 분쟁의 주원인이 되었다.

꼰바웅 왕조의 왕들은 지속적으로 태국을 공격하였다. 특히 19세기 초 보도파야 왕은 동쪽으로는 태국 방면으로 공세를 취하고, 서쪽으로는 조공국인 아라칸의 반란에 개입하였다. 이에 아라칸의 유민이 대거 영국의 지배를 받는 인도로 이주하면서, 버마는 인도에 진출한 영국과 접촉하게 되었다.

버마는 아라칸 지역을 번국으로 간주하여 강력한 통제를 시행하지는 않았지만 이 지역에서 자국의 권위를 절대적인 것으로 간주하여 이에 대한 도전은 용납하지 않았다. 이러한 버마인의 태도는 인도에서 세력을 넓혀 가던 영국 동인도회사의 관리들과 부딪칠 수밖에 없었다. 분명한 영토 및 국경 개념을 갖고 있던 영국인들에게 버마의 종주국-번국 개념은 이해할 수 없는 것이었기 때문이다.

영국이 17세기 초 동인도회사를 통하여 인도에 진출한 후 인도는 영국의 아시아 정책에서 가장 중요한 관심사였다. 영국은 17세기 말에 인도에 진출한 프랑스와의 경쟁에서 승리한 후, 인도 전역으로 세력을 확대하여 19세기 중엽에는 인도 대부분을 점령하였다. 그럼에도 프랑스의 동남아시아 진출은 지속적으로 영국의 안보를 위협하는 요소로 간주되었다. 이러한 상황에서 아라칸의 유민들이 영국령 인도를 근거지로 삼아 버마 군에게 반격을 가하였다.

영국은 보도파야 왕에게 사절을 보내 협상으로 문제를 해결하려고 하였다. 그런데 당시 영국이 점령하고 있던 벵골을 버마는 자국의 종속국으로 여기고 있었다. 버마는 종속국과 대등하게 협상할 수 없다고 선언하며 영국의 힘을 얕잡아봤다. 이러한 갈

등 속에 보도파야의 뒤를 이은 바지도 왕 시기 마침내 영국과 버마는 전쟁에 돌입하였다.

1, 2차 영·버마 전쟁

전쟁은 버마 군이 1824년 인도의 아삼과 마니푸르를 공격하면서 시작되었다. 영국은 공격적인 버마인과 영구적인 안보 관계를 맺을 수 없다고 판단하였다. 전쟁 초기 영국의 목표는 버마의 영토를 점령하는 것이 아니라 영제국의 힘과 자원을 보여 주어 버마의 공격 의도를 좌절시키고 더 이상의 분쟁을 방지하는 것이었다.

2년에 걸친 제1차 영·버마 전쟁(1824~26)은 영국의 승리로 끝났다. 얀다보 조약이 체결되어 영국인 주재관이 아바에 상주하고, 버마는 아라칸·아삼·테나세림을 영국에 양도하고 배상금을 지불하였다.

전쟁의 패배와 굴욕적인 조약에도 불구하고 버마는 이전의 오만한 태도를 유지하였다. 또한 영국을 버마와 대등한 상대로 여기는 것을 꺼리고, 영국인 주재관에 대해서도 외국에서 파견된 조언자 정도로 여겼다. 다음 왕인 타라와디는 전대에 체결된 조약을 지키는 것 자체를 거부하였다. 이에 영국 주재관은 수도를 떠났고, 영국은 이 기회를 버마 궁정에 보다 강한 영향력과 제약을 가할 수 있는 기회로 활용하고자 하였다. 그러나 영국 역시 인도 북서쪽 경계에 접한 아프가니스탄과의 문제를 처리해야 해서 즉각적인 전쟁은 발발하지 않았다.

이 시기 동안 버마가 고립 정책을 폈음에도 무역상들은 국경에서 계속 활동하였으므로 언제든 문제가 발생할 소지가 있었다. 결국 영국 상인과 랑군의 버마 관료 간의 분쟁이 원인이 되어 제2차 영·버마 전쟁(1852)이 발발하게 되었다. 영국은 버마 관리를 징벌하겠다는 이유로 버마에 진격하였다. 결국 영국은 페구 및 하부 버마의 대부분을 장악하였다. 이 와중에 버마 조정에서 쿠데타가 일어났는데, 새롭게 등극한 민돈 왕은 영국과 좋은 관계를 유지하고자 하였다. 그는 적극적으로 개혁을 추진하였고, 영국에도 유화 정책을 폈다.

1860년대 새로운 통상 조약이 체결되었고, 증기선이 들어와 이라와디강을 거슬러 중국에까지 도달할 수 있었다. 그러나 민돈 왕은 버마가 독립국으로 인정받기를 원하여 미국, 프랑스, 러시아 등과 접촉하였는데, 이는 영국의 경계심을 자극하는 결과를 낳았다. 또한 이 시기 일명 '신발 문제'로 두 나라의 관계는 더욱 악화되었다. 통상 버마 궁정에서 영국 사절들은 왕을 알현하기 전에 신발을 벗어야 했는데, 1875년의 사절이 그러한 관례를 지속할 수 없다고 문제를 삼았기 때문이다. 참고로 지금도 미얀마의 사원에 입장할 때는 신발을 벗어야 한다.

꼰바웅 왕조의 개혁 노력

꼰바웅 시대 버마 조정은 남쪽 해안을 통한 교역에는 거의 관심을 기울이지 않았지만, 이라와디강 하류 지역의 버마화는 계속 진행되었다. 버마 조정에 의해서 몬족의 동화 정책이 시도되었고, 다른 한편으로는 버마족이 활발히 남쪽으로 이주하였다.

제2차 영·버마 전쟁 시기 왕위에 오른 민돈 왕은 버마를 개혁하여 번영케 하고자 다방면으로 노력하였다. 그는 철학, 종교, 정치, 지리, 역사 등 다양한 분야의 책을 읽고 이상을 추구하였으며, 또한 매우 신실한 종교적인 왕이었다. 민돈 왕은 이라와디강에 증기선을 도입하였고, 외국과의 교역을 증진시켰으며, 왕실과 평민 간의 장벽을 낮추고자 노력하였다. 그의 개혁 정책은 정치, 세금 수취 제도부터 근대 교육 기관 설립 및 유학생 파견, 불교 종단 정화에 이르기까지 다양한 분야를 포괄하였다. 또한 그의 정책은 버마에 문화 부흥을 가져왔다. 인쇄로 값싸게 출판된 책들은 문예 부흥을 일으켰다. 하지만 안타깝게도 민돈 왕의 근대 개혁은 성공하지 못하였고, 그는 1878년 사망하였다.

3차 영·버마 전쟁과 영국의 지배

이 시기 버마와 영국을 둘러싼 국제적인 상황을 살펴보자.

버마는 당시 영국이 이집트에서 위기에 직면했다고 생각하였다. 그래서 영국의 영향력에서 벗어나고자 프랑스에 사절을 보냈는데 이것이 영국의 의심을 키웠다. 1885년 버마와 프랑스 사이의 무기 지원에 관한 비밀문서가 밝혀지자 영국은 최후통첩을 발표하였다. 버마의 산림에 대한 영국의 상업적 욕구를 비롯해, 유럽 국가들 간의 정치적 라이벌 관계와 영토를 확장하려는 전략적 요인, 그리고 무엇보다도 영국의 식민지인 인도의 안보 문제가 전쟁을 불러온 주원인이었다.

마침내 제3차 영·버마 전쟁이 발발하여, 2주 만에 영국·인도군이 버마의 수도인 만델레이를 점령하고 티보 왕은 인도에 유배되었다. 결국 버마는 인도의 일개 주로 편입되었다. 버마를 조공국으로 여기던 중국(당시 프랑스와 전쟁 중)은 영국을 프랑스에 함께 대항하는 동맹국으로 받아들이고 영국의 버마 지배를 인정하였다.

영국이 버마 전체를 평정하고 지배를 안정화시키기까지는 오랜 시간이 걸렸다. 영국은 상부 버마를 정복하고 왕정을 폐지한 후 버마를 직접 지배하였다. 영국은 영국령 인도를 모델로 삼아 버마 전체의 행정을 개혁하였다. 이는 기존의 모든 체제를 무너뜨린 것으로, 이에 대한 반발로 꼰바웅 왕조의 일원들과 지역 지도자들의 반란이 이어졌다. 반란은 하부 버마에까지 확대되어, 영국이 버마 전체를 평정하는 데 3년의 시간이 소요되었다. 영국은 반란군들을 진압하고 반란군의 지도자들을 처형하였다. 남부 버마의 많은 버마인들은 땅을 잃고 인도에서 온 이민자들에게 빚을 지는 신세가 되었다.

국경 지대에 거주한 버마 내 소수 민족인 샨족의 지배자들은 처음에는 영국에 저항하였으나, 자치를 인정받고 영국의 지배를 받아들였다. 버마에 주둔하는 영국군은 소수 민족으로 채워졌는데, 3분의 2는 카렌족으로 충당하였고 나머지는 카친족과 샨족이었다. 이로 인해 버마인들과 소수 민족들 간의 간극은 더욱 커져 갔다. 영국은 버마의 하급 관리로는 인도인을 고용하였다. 또한 영국은 버마를 지배하면서 버마의 문화를 파괴하고자 하였다. 그들은 왕의 후원을 받던 불교 기관들을 약화시키고 불교 학교를 폐교하였다. 식민 정부와 기독교 선교 기관들에 의해 운영되는 영국 학교들이 불교 학교를 대체하였다.

버마의 식민지화는 많은 측면에서 태국과 비교되곤 한다. 두 나라 모두 대륙부 동남아시아의 강국으로 오랫동안 상호 침략을 반복하며 경쟁하였고, 상좌 불교를 믿었으며, 지배 형태 및 사회 구조가 비슷하였기 때문이다. 그러나 버마가 외국, 특히 영국과의 관계에서 자신들의 전통을 고수하고 고립 정책을 추구하였던 것과 달리, 태국은 새로운 사상과 관계에 보다 유연하고 개방적이었다. 태국은 오랜 시간 동안 외국과의 무역 및 이민자들에게 열려 있었다. 더구나 뒤에서 살펴보듯이 태국의 짜끄리 왕조는 서양의 압력에 성공적으로 대처하였다. 서구 열강에 대한 대응 방식 차이와 함께 지리적인 여건도 중요하였다. 버마는 영국의 아시아에서 가장 중요한 영토인 인도와 직접 국경을 맞대고 있었기 때문에 영국과 일찍부터 문제가 발생할 소지가 있었던 것이다.

인도네시아와 네덜란드 동인도회사

네덜란드 동인도회사의 진출

네덜란드는 16세기 말에 인도네시아에 진출한 후 300년에 걸쳐 인도네시아에 식민 국가를 건설하였다. 네덜란드 선박들은 오랫동안 유럽 내 포르투갈에서 북부 유럽으로 향신료를 배달하였다. 그러다가 17세기 초 네덜란드 무역상들이 네덜란드 연합 동인도회사(흔히 네덜란드어의 머릿글자를 따서 VOC라고 부른다)를 결성하였다. VOC의 목표는 동남아시아의 향료 무역을 독점하는 것이었고, 군대와 법 제도까지 갖추었다. 그들은 동남아시아에서 이루어지는 무역에 적극 참여하여 이익을 올리고자 노력하면서

17세기 내내 아랍인, 중국인, 인도인, 그리고 인도네시아인과 동남아시아 해상 무역을 놓고 경쟁하였다.

VOC는 향료 무역을 독점하고자 했는데, 이 과정에서 그들에게 반대하는 원주민들을 잔인하게 학살하였다. 1621년 향료를 생산하는 반다섬의 전체 인구를 살해하거나 노예로 만들었으며, 암본섬에 들어와 있던 영국인 역시 학살하였다.

여러 번의 전쟁 끝에 네덜란드인은 포르투갈을 쫓아내고 1641년 말라카까지 점령하였다. 이슬람 상인들의 교역 중심지였던 반텐과 마카시 역시 파괴하였다. VOC는 향신료 가격을 올리기 위해 향료 생산량을 줄이고, 재배지를 줄이기 위해 농민들에게 다른 작물을 재배하도록 강제하고 향료 작물을 불사르기도 하였다.

네덜란드는 향료 무역 외에 자바섬에도 큰 관심을 보였다. 17세기 자바에는 반텐과 마타람 등의 큰 도시들이 있었고, 자바의 많은 도시에는 아시아 각지에서 모여든 다양한 인종들이 거주하고 있었다. 네덜란드 정부는 동인도회사에 총독 제도를 신설하고, 총독은 인도네시아에 파견되어 거의 모든 활동을 결정하였다. 초기에는 암본에 총독이 거주하였으나 암본은 동남아시아의 중요 무역 경로에서 멀리 떨어져 있었다. 이에 4대 쿤 총독

시기에 지금의 자카르타를 정복하여 바타비아로 이름 짓고 동인
도회사의 본부로 삼았다. 바타비아는 네덜란드의 암스테르담을
본뜬 계획 도시였다.

네덜란드 동인도회사는 이 시기 조직이 잘 짜여 있었고, 자원
도 풍부했으며, 외교에서도 영리했다. 그들은 지역 내의 라이벌
관계를 활용하여 동맹을 맺어 인도네시아의 다른 지역에 있는
왕국 및 영국 또는 포르투갈과 경쟁하며 세력을 넓혀 갔다.

네덜란드는 포르투갈이 지배하는 티모르섬의 동부만 제외하
고 점차 인도네시아 군도를 장악해 나갔다. 그러나 네덜란드가
인도네시아 전체를 장악하는 데는 오랜 시간이 걸렸고, 그들의
영향력은 지역에 따라 달랐다. 또한 기존에 있던 해상 네트워크
를 완전히 파괴할 수도 없었다. 한편 네덜란드 동인도회사는 포
르투갈이나 스페인 등 다른 유럽 제국과 달리 오직 이윤만을 추
구하였고 자신들의 문화나 종교를 전파하는 데는 거의 관심을
기울이지 않았다.

네덜란드 동인도회사의 자카르타 정복은 마타람을 자극하여,
두 세력은 1628년과 1629년 등 몇 차례에 걸쳐 충돌하였다. 하
지만 동인도회사는 마타람의 군량미와 전함을 찾아내어 불태워
버리는 데 성공하였고, 두 차례에 걸친 패배로 술탄 아궁의 바타

비아 정복 시도는 실패로 끝났다.

동인도회사의 자바 정책

술탄 아궁은 이슬람화를 적극 추진하면서 자신의 초자연적인 권위를 강화하고자 하였다. 그는 이슬람의 성지인 메카에 사신을 보내 1641년 술탄의 타이틀을 수여받았고, 자바의 전통과 이슬람의 정신을 담은 문학작품을 소개하였다. 그의 재위 시기 이슬람은 자바에 더욱 깊이 뿌리 내렸다.

술탄 아궁의 아들인 아망쿠랏 왕 시기에 일어난 반란은 네덜란드 동인도회사의 도움으로 진압되었다. 이후 자바에 문제가 생겼을 때 동인도회사가 간섭하는 패턴이 정형화되었다. 동인도회사는 자바에서 일어나는 전쟁의 전면에 나서서 승리를 얻지 않고, 현지 세력과 동맹을 맺어 균형을 맞추려 노력하였다. 그러나 동인도회사의 개입은 왕의 정통성에 의문을 일으켰고, 왕권이 유지되도록 돕기 위해 동인도회사는 더욱 깊숙이 자바인의 일에 관여해야만 했다.

마타람의 왕권은 더욱 약해져, 1704~08년에 왕위 계승을 둘러싸고 제1차 자바 전쟁이 발발하였다. 반란군은 동인도회사의 원조로 1723년에 이르러서야 진압되었다. 그 결과 1700년대 말까지 자바의 대부분 지역이 직접 혹은 간접적으로 네덜란드의 영향권에 들어가게 되었다.

네덜란드가 자바와 말루쿠에서 세력을 공고히 한 후 이 지역의 행정은 동인도회사가 맡았다. 네덜란드인이 자바섬을 지배하기 위해서는 현지 사정을 잘 알고 언어가 통하는 중개인이 필요했는데, 중국인들이 이 역할을 담당하였다. 많은 수의 중국인들이 중간 상인으로 인도네시아로 이주하였다. 바타비아에는 중국인 거리가 조성되었고, 중국인들은 세금 징수 업무를 대행하며 유럽인과 현지인 사이에서 중개자의 역할을 하였다. 중국인은 직접 상품 작물을 재배하기도 하고, 도박장과 고리대금업 등으로 부를 쌓았다. 이 과정에서 때때로 네덜란드인과 중국인 사이에 상호 의심이 커지며 긴장이 고조되기도 하였다.

1740년 네덜란드인이 불법 행위를 하는 중국인을 잡아갈 거라는 소문에 중국인이 네덜란드인을 공격하였고, 동인도회사 측은 1만여 명의 중국인을 살해하였다. 중국인은 바타비아를 탈출하여 다른 지역의 중국인 및 말레이 세력과 연계하여 네덜란드와 충돌하였다. 동인도회사를 좋아하지 않았던 자바인들 역시 반란에 동참하였다. '중국인 전쟁'은 17년간 지속되었는데, 마타람의 왕도 동인도회사에 반대하는 세력에 동참하였다가 후에 다시 동인도회사 편에 가담하였다.

이후 마타람이 네덜란드에게 광범위한 영토를 할양하면서 이에 반대하는 세력이 반란을 일으켜 제2차 자바 전쟁(1746~57)이 발발하였다. 반란을 일으켜 욕야카르타(족자카르타)에서 왕위에 오른 망쿠부미 왕자는 술탄 아궁 이후 가장 위대한 왕으로 그 역시 술탄의 칭호를 사용하였다. 왕국은 수라카르타와 욕야카르타의 둘로 분열되었는데, 욕야카르타는 망쿠부미의 치세에서 번영을 누렸다. 이후 자바에서는 별다른 전쟁이 없이 1825년까지 안정이 지속되었다. 또한 중국인 없이 현지민을 지배하기가 어렵게 되자 네덜란드는 다시 중국인을 우대하였고, 중국인의 영향력은 더 확대되었다.

네덜란드 동인도회사는 '강제 운반'과 '강제 구매' 제도를 도입하여 농민들을 착취하였다. 각 지역마다 공납량을 할당하여 작물을 생산케 하고, 생산한 작물을 바타비아로 옮기면 이를 최저 가격에 매입하였다.

1696년 동인도회사는 커피 작물을 인도네시아에 도입하여, 서부 자바의 프리만한에서 커피를 재배하기 시작하였다. 본래 아프리카에서 자라던 커피가 자바섬에서 재배에 성공하면서 동인도회사에 큰 성공을 가져왔다. 커피 재배는 자바섬의 서쪽에

• 자바에서 생산된 커피 원두

서 시작한 후 중앙과 동부에까지 확대되어, 1811년에 이르러 자
바 커피가 세계 시장을 장악하게 되었다. 자바의 커피는 세계 커
피 무역량의 50~75퍼센트를 차지하여, 커피가 '자바'라는 이름
으로 알려질 정도였다.

거대한 섬들을 단일 식민지로

네덜란드 동인도회사는 1799년에 도산하여 해체되고 식민 정
부로 교체되었는데, 이는 회사의 부채와 부패 때문이었다. 동인
도회사의 관할 범위가 확대되면서 군사 및 행정 비용이 증가하

여 재정이 악화되었기 때문이기도 하다. 이 무렵 영국이 네덜란드와의 전쟁에서 승리하면서 아시아에서 영국의 활동이 활발해지기 시작하였다.

네덜란드 정부가 직접 인도네시아 식민지를 관리하기 시작하면서 파견한 총독은 바타비아를 중심으로 중앙집권적인 국가를 건설하고자 하였다. 강제 운반은 폐지되었고, 자바 전역은 직접 통치를 받는 행정 구역으로 나뉘었다. 총독은 도로 및 군사 시설도 건설하였다.

이후 일시적으로 영국이 네덜란드 식민지의 경영을 위임받으면서 영국의 래플스가 인도네시아에 총독 대리로 파견되었다. 래플스는 이 지역의 문화에 대한 해박한 지식을 갖고 있었으며, 전통 유산을 보존하려 노력하였다. 욕야카르타의 세계적인 유산인 보로부두르를 복원하였고, 자바의 역사를 책으로 출간하기도 하였다. 그 역시 자바 전체를 직접 지배하고 강제 운반 제도를 폐지하고자 노력하였다.

네덜란드가 다시 인도네시아 지배권을 확립한 후, 직접 지배에 저항하는 토착 지배자들과의 갈등과 대흉작이 겹치면서 1825년 자바 전쟁이 일어났다. 전쟁은 욕야카르타의 왕자에 의해 발발하였는데, 진압하는 데 5년이나 소요되었다. 전쟁을 진압한 후 네덜란드는 자바 전체의 지배권을 확립할 수 있었다. 그러나 이후에도 간헐적인 전쟁은 지속되었고, 식민 정권의 재정 상태는 빈약해졌다.

이후 식민 정권의 정책은 인도네시아에서 가장 인구가 많고 비옥한 자바와 수마트라의 경제적 착취에 중점을 두었다. 1830년 네덜란드는 일명 '경작 제도'를 도입하였는데, 이는 자바인들에게 사탕수수, 상품 작물과 쌀을 강제로 할당하여 경작하게 하는 것이었다. 이를 위해 농민들에게 1년에 120일 이상 노동하도록 강제하고, 식민 정부는 농민에게 이미 확정된 가격을 지불하였다. 특히 설탕은 세계 시장에서 계속 판매가 확대되고 있어서, 설탕 판매를 통한 수익에 의존하는 농민들도 나타났다. 네덜란드 식민주의자들과 그에 협력한 사람들은 이러한 식민 정책 덕분에 부유해졌지만 많은 농민들은 더욱 빈곤해졌다. 상품 작물을 재배하느라 쌀 생산이 부족해져 많은 농민들이 식량 부족으로 굶어 죽는 일이 생겨났다.

자바의 비참한 상황이 네덜란드에 알려지면서, 네덜란드 내에서 식민 정책에 대한 비판이 일어났다. 네덜란드는 1870년대에 경작 제도를 폐지하고 자유 산업으로 대체하였다. 이는 자본가가 자율적으로 자본을 투자할 수 있게 한 것이었다. 그 결과 외국 자본과 보다 많은 서양인 소유의 플랜테이션이 생겨났다. 또한 다수의 중국인들이 인도네시아로 이민하여 중산층으로 성장하였고, 인도네시아의 거의 모든 마을과 도시에서 가게를 운영하였다. 이 시기에 의료 시설이 확대되고 교육 기관도 많이 세워졌다.

식민지 시기 자바의 인구는 크게 증가하였다. 1800년 무렵 자바의 인구는 약 1,000만이었는데, 1900년에 3,000만, 1940년에 4,800만으로 140년 만에 거의 5배로 증가하였다. 네덜란드의 식민 정책 아래 경작지가 크게 증가하고 강도들은 줄어들고 보건 정책이 개선된 것이 주 이유였다. 그러나 증가한 인구로 인해 농민 개인이 경작할 수 있는 땅은 작아졌고, 아예 땅을 소유할 수 없게 되는 농민들도 나타났다. 그 결과 많은 자바인들이 플랜테이션의 노동자가 되거나, 고무와 담배 플랜테이션이 확대되고 있던 수마트라의 동쪽 해안으로 이주하였다.

네덜란드의 인도네시아 지배 확대

1840년경부터 네덜란드는 자바 외곽의 도서 지역에도 군사적, 행정적으로 개입하기 시작하였다. 정치적으로는 유럽 열강 간의 식민지 쟁탈전이 고조되면서 인도네시아의 섬들에 유럽 세력이 개입하는 것을 막기 위함이었다. 이를 통해 네덜란드 지배 밖의 다른 지배지 내의 저항 운동을 지원하는 것도 방지할 수 있었다. 경제적으로는 이 지역들 간의 무역을 장악하여 보다 많은 수익을 올리고자 하였다. 이러한 이유로 네덜란드는 자바와 수마트라 외곽의 섬들을 직접 지배 아래에 두었다.

네덜란드의 가장 규모가 큰 원정 전쟁은 수마트라 북부 아체에서 일어났다. 아체는 후추 수출로 부유하고 강한 나라로 독립을 유지하며 유럽의 여러 나라와 교류하고 있었다. 네덜란드는 다른 유럽 세력이 아체에 개입하는 것을 막기 위해 1870년대 초 군대를 파견하여 다음 해에 아체를 점령하였다. 네덜란드에 점령된 후에도 아체의 저항은 이후 수십 년간 지속되었다. 이 외에도 발리와 롬복, 칼리만탄, 수마트라의 나라들이 네덜란드에 처절하게 항전하였으나 복속되었다.

특히 발리에서 일어난 네덜란드의 현지인 살육은 널리 알려져 있다. 1906년 발리 왕자들이 독립을 시도했을 때 네덜란드 군이 공격하자 왕자들과 그 가족, 군인, 여자와 아이들이 모두 흰 옷을 입고 네덜란드 군을 향해 죽음의 행진을 하면서 쓰러져 갔다.

1910년경에 이르러 네덜란드는 현재의 인도네시아에 해당하는 대부분의 영토를 지배하게 되었다.

19

필리핀
스페인에 이은 미국 지배

스페인 지배 하의 필리핀

스페인에 큰 이익을 안겨 주던 갤리언 무역은 18세기 말부터 남아메리카의 정치적 상황이 불안해지고 영국이 간섭해 오면서 쇠퇴하기 시작하였다. 사업가들은 새로운 수입원을 찾아 담배, 사탕수수, 커피 등을 재배하는 대농장 경영을 시작하였다. 지주들은 대체로 농장에 거주하지 않아, 지주에게 토지를 빌려서 그것을 다시 농민에게 임대하는 임대차농 계층이 성장하였다. 이들 중 일부는 토지를 사들여 지주가 되었고, 자녀를 마닐라나 유럽 각지로 유학시켰다. 높은 수준의 교육을 받은 이들은 '일루스트라도'라고 불리는 지식인층을 형성하였는데, 이들이 후에 필리핀 민족주의 운동을 주도하게 된다.

스페인이 필리핀을 기독교화하고 지배하였지만, 스페인 지배 이전의 원주민 문화와 종교적 관습은 여전히 남아서 기독교와 결합되었다. 스페인 신부는 기독교 신의 대리인이며 토착 마술사나 정령보다 우위에 있는 것으로 인식되었다. 찬송, 시, 드라마, 특히 그리스도의 수난, 죽음 그리고 부활에 관한 서사시를 통한 기독교의 가르침은 세상에서 인간과 신적인 것을 완전히 분리할 수 없다는 세계관을 낳았다. 무엇보다도 그리스도의 수난은 필리핀인들의 토착 세계관과 결합하여, 어떤 종교 지도자들은 성스러운 산으로 추앙받는 지역에 은거하며 추종자들을 이끌기도 하였다.

시간이 흐르면서 스페인이 확립한 행정 단위인 푸에블로가 점차 불안정해지기 시작하였다. 대부분의 스페인 신부들은 여전히 존경받았으나, 필리핀인 신부가 교회에서 지속적으로 쫓겨나면서 인종 간 갈등이 촉발됐다. 예를 들면 1862년에 400명의 필리핀인 교구 사제가 갈 수 있는 교구는 겨우 12개뿐이었다. 이때 들어오기 시작한 계몽사상의 영향으로 필리핀인 신부를 평등하게 대하라는 요구가 필리핀인들 사이에서 높아졌다. 그러나 스페인은 이러한 요구를 탄압하여, 1860년대부터 1870년대 초가지 3명의 개혁 성향 필리핀인 사제를 처형하였다.

필리핀인의 저항

19세기 후반은 필리핀에서 획기적인 변화가 일어난 시기이다. 필리핀 남부에 사는 무슬림들은 스페인 지배 시기 내내 저항하였다. 그러나 19세기 후반이 되면 지역, 인종, 계급에 상관없이 필리핀 전역에서 스페인 지배에 대한 반감이 점차 커져 갔다. 이러한 반감은 특히 교육받은 부유한 필리핀인들인 일루스트라도 사이에서 두드러졌다. 많은 수의 일루스트라도는 스페인인이나 중국인과의 혼혈로 생긴 메스티소 가문 출신이었다. 필리핀에서 중국계 메스티소는 현지인과 마찬가지로 대우받았고, 스페인 정부가 중국인에 대한 통제를 강화할 때마다 중국인이 하던 역할을 그들이 대신 맡아서 하였다. 그들 가운데 부를 일군 사람들은 토지에 투자하여 대농장주가 되었다.

필리핀 농민들의 대부분은 소작농으로 빈곤에 허덕이고 있었기에 스페인 지배에 만족하지 못하였다. 1840년부터 1910년 사이에 식민 지배에 저항하는 농민 반란이 전국 각지에서 연이어 발생하였다. 19세기 말 마닐라에서 신부 안드레스 보니파시오가 비밀 혁명 조직 카티푸난('지상의 자녀 중 가장 높고 덕망 있는 자들의 모임'이란 뜻)을 창설하였다. 카비테시의 시장이자 카티푸난의 혁명 지도자가 된 에밀리오 아기날도는 군대를 일으켜 자유와 독립을 되찾을 것을 필리핀인들에게 촉구하였다. 1896년에 일어난 카티푸난의 무장 봉기는 계몽사상이 일반 대중에까지 퍼져 일어난 운동의 정점이었다.

필리핀인의 민족 감정은 특별히 문인들 사이에서 커져 갔다. 대표적인 사람이 호세 리살이다. 그는 부유한 중국인 메스티소 가문 출신으로 스페인과 독일에서 약학을 공부한 후 시인 겸 소설가가 되었다. 그는 스페인 식민주의와 로마 기독교를 비판하는 소설 『나에게 손대지 말라』를 써서 1887년에 독일 베를린에서 출판하였다. 1892년에는 마닐라에서 필리핀 민족동맹을 조직하여 사회 개혁 운동을 전개하였다. 이후 리살은 카티푸난의 반란과 연계되었다는 혐의로 체포되어 1896년에 37세의 젊은 나이에 공개 처형되었다. 그러나 죽음 이후 그의 영향력은 오히려 더욱 커져, 그는 필리핀 독립 운동의 순교자로 인식되었다. 리살의 죽음은 다양한 스페인 반대 세력들을 하나로 연합시켜 스페인 지배에 대한 무장 저항 운동의 바탕이 되었다.

카티푸난의 지도자들은 식민 역사를 성경에 나오는 에덴에서 쫓겨난 아담의 이야기와 일치시키며, 저항군에 합류하는 것을 구원받는 행위로 해석하였다. 호세 리살의 죽음도 그리스도의 수난과 같은 것으로 해석하였다. 19세기 말에 이르면 종교와 정치가 결합된 이러한 운동들이 민족주의적 운동으로 변모하였다. 카티푸난 군은 스페인 군과 치열한 접전 끝에 정전 협정을 체결하였다.

이에 맞서 스페인 식민 정부는 필리핀 전체에 획일적인 통제 체제를 확립하고자 하였다. 그러나 스페인 군대는 준자치를 누리던 고산지대인들의 저항에 직면하였고, 해군은 술탄 왕국의 수도인 홀로에서 거의 사로잡힐 뻔하였다. 남부의 술탄 왕국인 술루와 민다나오를 정복하려는 시도는 양측 모두에게 종교적인 성전이었다. 이 섬들은 결국 스페인에 정복되었고 기독교화가 진행되었지만, 이 지역에서는 여전히 이슬람 세력이 강하고 지금까지도 반군이 활발히 활동하고 있다.

미·스페인 전쟁과 미국의 지배

서구 열강 중 뒤늦게 식민지 경쟁에 뛰어든 미국은 산업이 급속도로 발전하면서 제국으로서 해외에 식민지를 보유하는 것을 고려하였다. 미국은 19세기 내내 동남아시아 지역에 해군을 보

제4장 서양과의 조우

내 몇 차례 이 지역 국가들과 소규모로 충돌하였다. 1853년에 전함을 보내 일본을 개항시키는 데 성공한 후, 미국의 일부 지도자들은 군사적 작전을 통해 동남아시아에서 무역 허가권을 얻고 항구를 장악하자는 쪽으로 기울었다.

1892년 마침내 미국은 카리브해에서 미·스페인 전쟁을 벌여, 쇠락해 가는 스페인에 도전하였다. 전쟁은 카리브해의 쿠바와 푸에르토를 중심으로 벌어졌으나, 미국은 스페인의 식민지인 필리핀에도 개입하여 1898년 미국의 함대가 마닐라에서 스페인 해군을 격파하였다.

전쟁 초기 필리핀의 혁명가들은 스페인에 대한 무장 저항 활동에 미국의 지원을 받았다. 아기날도는 스페인을 상대로 필리핀의 독립과 아시아 최초의 공화국 건설을 선포하고 대통령에 취임하였다. 필리핀 혁명가들은 필리핀을 하나로 연합하려 하였으나, 혁명가들 내부는 지역적, 계급적 차이와 나라의 장래에 대한 다른 생각들로 분열되어 있었다.

스페인을 격파한 초기에 미국은 필리핀에 큰 관심이 없었다. 그러나 곧 필리핀을 식민지화하자는 여론이 미국 내에 널리 퍼졌다. 미국은 필리핀인들을 '문명화'시키고 기독교화한다는 명분 아래 필리핀을 식민지로 삼기로 결정하였다. 그러나 필리핀 혁명가들을 상대로 승리하기는 쉽지 않았다. 미·필리핀 전쟁에다 말라리아까지 유행해 5,000명 이상의 미국인과 1만 6,000명 이상의 필리핀인이 죽었다. 거기에 기근과 질병으로, 그리고 혁명가들을 돕거나 보호한 촌락들을 미국군이 파괴하면서 20만 명의 필리핀인이 사망하였다. 많은 촌락에서 농민들은 필리핀 혁명가들을 지지하고 투쟁에 동참하였는데, 미국군이 이러한 촌락 전체를 파괴한 것이다. 혁명가들은 게릴라전을 전개하면서 미국군에 저항하였으나 1902년에 결국 패배하였다. 많은 수의 일루스트라도는 이제 미군이 새로 획득한 식민지를 지배하는 데 협력하였다.

미국은 다른 서양 열강처럼 압제자로 필리핀에 군림하지 않았다. 일명 '자애로운 동화 정책'으로 알려진 미국의 정책은 필리핀 사회를 미국의 도움으로 재창조하는 것을 목표로 내세웠다. 미국 주둔군은 입법 기구를 세우고 구성원 대부분을 필리핀인으로 채웠다. 다만, 입법 기구가 어떤 결정을 내릴 때는 미국 관리의 승인을 받아야 했다. 다른 서양 식민주의자들과 달리 미국은 교육, 문해, 근대 의료 역시 발전시켰다. 많은 필리핀인들이 학교 교육을 통해 영어에 능숙해졌고 미국의 영향을 받아들였다.

그러나 미국의 지배기 동안 농민의 요구는 무시되었다. 반면에 지주 계층은 미국 시장의 요구에 맞춰 설탕과 파인애플 같은 환금 작물을 재배하였다. 이후 거대한 농장을 소유한 지주 가문들이 필리핀 정부와 경제, 사회를 장악하게 되었고 그 영향은 현재까지 이어지고 있다.

20

태국
유일한 독립국

태국이 독립을 유지할 수 있었던 이유는

태국은 동남아시아에서 유일하게 서구 열강 사이에서 독립을 지켜 낸 독특한 국가이다. 흔히들 영국과 프랑스가 동남아시아 대륙부에서 경쟁하면서 그들의 세력권 중간에 위치한 태국을 완충 지대로 남겨 두었기 때문에 태국이 독립을 유지할 수 있었다고 이야기한다. 하지만 태국이 독립을 유지할 수 있었던 데에는 지리적 및 외부적 요인들뿐만 아니라 태국 내부적인 요인도 함께 작용하였다.

먼저 외부적 요인을 살펴보면, 이 시기 영국은 서쪽의 인도에서부터 동남아시아에 진출하여 버마와 말레이반도를 직접 또는 간접 지배 아래 두고 있었다. 버마는 영국 식민지 인도와 직접 국경을 맞대고 있었기에 일찍부터 영국과 분쟁에 휘말려 들었고, 영국은 인도의 안정을 위해 버마에 개입하였다. 반대편에서는 프랑스가 인도차이나반도 동쪽의 베트남과 캄보디아, 라오스를 식민지 또는 보호국화하였다. 동남아시아 대륙부의 서쪽과 동쪽에 각각 진출한 영국과 프랑스는 이미 아프리카와 인도 등에서 경쟁하며 전쟁을 겪은 적이 있기에, 가능하면 충돌을 피하고자 하는 의도가 분명히 있었다.

그런 가운데 태국이 그들의 충돌을 방지하는 완충국이 될 수 있었던 것은, 짜끄리 왕조가 변화하는 세계에서 기민한 외교 전략을 수립하고 서구 열강 사이에서 유연하게 대처하였기 때문이다.

태국은 이미 수세기 전부터 무역항을 열고 서양의 상인들과 무역하며 유럽인들과 접촉하였다. 서양 열강 중 가장 강력한 국가인 영국과의 관계를 유지하면서도, 영국에 대한 의존도를 줄이고자 다른 열강과의 관계도 동시에 발전시켰다. 또한 태국의 왕조들은 수세기 동안 다양한 이민자들을 받아들일 만큼 개방적이었다.

짜끄리 왕조

1782년 성립한 짜끄리 왕조는 방콕을 기반으로 했기에 방콕 왕조라고도 한다. 짜끄리 왕조는 아유타야 왕조와 마찬가지로 왕 아래에 다음 왕위 계승자인 부왕이 있었고, 마핫타이·칼라홈·프라클랑이라는 고위 관료들이 있었다. 왕조를 개창한 라마 1세부터 라마 2세, 라마 3세로 왕위가 안정적으로 넘어가면서 19세기 전반 태국은 경제적, 대외적으로 크게 번영하였다. 외국과의 교역도 활발하였고 서양 선교사도 방문하였다. 문화적으로도 크게 발전하여 인도와 중국의 고전들을 태국어로 재해석하여 쓰기도 하였다.

짜끄리 왕조는 버마의 공격을 막아 내는 한편 적극적으로 영토의 팽창을 추구하였다. 이미 딱신의 군대가 라오스의 비엔티안을 점령하였고, 이후 태국은 라오스 지배를 강화하였다. 또한 이 시기 태국은 캄보디아의 바탐방과 시엠립을 점령하고 캄보디아의 왕을 결정할 정도로 막강한 권한을 행사하였다.

특히 라마 3세는 태국의 영토를 가장 크게 확대한 왕이었다. 그는 동쪽으로는 캄보디아에 친 태국 왕을 앉히고, 북쪽의 란나 왕국을 병합하였다. 서쪽으로는 말레이반도 방면으로 진출하여 빠타니 외에도 페를리스, 끄다, 켈라탄, 트렝가누의 4개 술탄국에 대한 지배를 공고히 하였다.

짜끄리 왕조 시대에 흥미롭게도 페르시아 혈통의 후손인 분낙 가문이 고위 관료를 배출하고 결혼을 통해 왕과 아주 가까운 관계를 유지한 일이 유명하다. 특히 그들은 왕위 계승 때 시의적절한 결단을 내려 태국의 역사에 큰 영향을 끼쳤다. 예를 들면 라마 3세가 후계자를 지정하지 않은 채 사망하자 왕위 계승자를 결정하기 위한 귀족 회의가 열렸는데, 이 회의의 의장인 분낙 가문은 당시 승려로 출가 중이었던 왕의 형제 몽꿋을 다음 왕으로 결정하였다. 몽꿋은 왕위에 오른 후 중요한 관료 직위에 분낙 가문 사람들을 임명하였다. 다시 몽꿋이 후계자를 지명하지 않은 채 사망하자 분낙 가문은 쭐라롱꼰을 새 왕으로 지명하였다. 또한 왕이 직접 통치를 하기 전까지 섭정으로 어린 왕을 잘 보살피고 결코 왕위를 넘보지 않았다.

그러나 쭐라롱꼰 왕이 이후 관료 제도를 개혁하고 정치와 경제에서 중앙집권을 강화하면서 분낙 가문도 점차 쇠락하여 갔다.

'대왕' 몽꿋의 개혁 정책

1856년 태국 역사상 가장 위대한 왕 중 하나인 몽꿋(라마 4세)이 왕이 되어 서양 열강 사이에서 위기를 지혜롭게 극복하고 나라의 발전을 꾀하였다. 그는 라마 2세 왕의 적장자였으나, 왕은 왕위 계승 분쟁을 막고자 그에게 출가할 것을 명하였다. 이후 몽꿋은 30년간 불교 승려로 지내면서 불교 교리를 연구하고, 교육에 큰 관심을 쏟았으며 그 스스로도 영어와 라틴어, 과학을 공부하였다. 이복형인 라마 3세가 사망하자 몽꿋이 왕위에 올라 라마 4세가 되었다.

당시 영국은 버마와의 전쟁에서 승리하고 태국에게 기존의 조약을 개정하여 서명할 것을 요구하였는데, 불평등 조약임에도 불구하고 몽꿋은 이를 받아들였다. 이후 태국은 프랑스, 독일, 미국 등 서양 열강과도 불평등 조약을 체결하였다. 몽꿋은 여러 서양 열강이 태국 내에서 권리를 얻게 된다면, 그들은 태국을 점령하기 전에 먼저 서로 싸울 거라 생각하였다. 이에 몽꿋은 비록 불평등 조약일지라도 여러 서양 열강과 조약을 체결하고, 동시에 태국을 근대화하기 위해 조언해 줄 서양 고문들을 초빙하였다. 그는 영국 여성을 교사로 고용하여 부인들과 자녀들에게 영어를 가르쳤다. 교사들 중 애나 레오노웬스가 자서전을 남겼는데, 이를 바탕으로 한 1944년 소설 『애나와 시암 왕』으로부터 다시 〈왕과 나〉라는 뮤지컬, 영화, 애니메이션 등이 잇따라 제작되었다. 그러나 영화들은 태국 조정을 미개한 것처럼 묘사하였고 태국에 대해 사실과 다른 부정확한 정보를 제공한다고 여겨져 태국 내에서는 상영 금지다.

독립을 지키며 근대화를 이루다

라마 4세 몽꿋의 뒤를 이어 또 한 명의 위대한 왕이 태국을 통치하였으니, 그가 바로 몽꿋의 아들인 쭐라롱꼰(라마 5세)이다. 그는 태국의 전통 교육과 서구식 교육을 함께 받았다. 1868년 몽꿋이 예기치 않게 말라리아로 사망하자 쭐라롱꼰이 15세의 어린 나이에 왕위에 올라, 분낙 가문의 5년간의 섭정기 동안 왕의 교육을 받고 주변 나라들을 여행하였다.

20세에 직접 통치하기 시작한 쭐라롱꼰은 본격적인 개혁 정책을 펴고 외교와 근대화를 강조하였다. 그는 교육받은 귀족과 황실의 일원들을 모아서 개혁을 추진할 세력을 형성하였다. 보수 세력의 반발이 있었지만 쭐라롱꼰은 개혁의 속도를 조절하며 저항 세력을 제압하였다. 그와 함께 공부하였거나 또는 유럽으로 유학을 다녀온 그의 형제들이 개혁 정책을 도왔다. 그들은 태국의 행정, 사법, 문학, 역사, 군사 등 다양한 분야에서 주도적인 역할을 담당하였다. 노예제가 폐지되고 관료 제도가 강화되었으며, 서양식 교육 체제가 세워지는 등 폭넓은 개혁이 추진되었다.

쭐라롱꼰은 또한 중국 이민자들을 적극 수용하고 쌀 생산지를 넓히는 등 경제 성장을 추구하고, 근대적 통신과 철도 등의 교통 시설을 건설하였다.

그러나 이 시기 태국은 서양의 경제적 압력 때문에 많은 이권들을 서양 열강에 양보해야 했다. 1900년대 초, 유럽 내 정치적 문제로 영국과 프랑스가 더욱 가까워지면서 해외 영토에서 일어난 양국 간의 분쟁들을 해결하고자 하였다. 태국에서 영국과 프랑스는 각각 서쪽과 동쪽 영토를 잠식하고 중간은 남겨 두고 있었다. 태국은 영국의 치외법권을 약화하는 대가로 자국의 영향권이던 북부 말레이반도의 술탄국들에 대한 권리를 영국에 양도하고, 메콩강 서부 캄보디아와 라오스의 종주권 및 지배권을 프랑스에 넘기면서 대신 캄보디아의 시엠립과 바탐방을 양도받았다. 그러나 실상은 태국이 직접 지배하는 영토가 축소된 것은 아니고, 주변부 국가들에 대한 종주권을 포기한 것뿐이었다.

태국은 독립을 유지하면서 스스로 근대화를 추진해, 식민화된 이웃 국가와 같은 수준의 경제 발전을 이룬 것으로 유명하다. 행정 체제는 중앙집권 체제로 전환되었고, 근대적인 지도가 작성되어 '하나의 영토'라는 개념이 생겨났다. 식민화를 피하고 독립을 유지할 수 있었기에 전통적인 사회와 문화가 많이 잔존하여,

다른 동남아시아 국가들 같은 국가 정체성 위기나 전통적 가치의 철저한 부정 등을 경험하지 않았다. 쭐라롱꼰은 또한 라오인, 말레이 이슬람교도 및 중국 이민자 등 비태국인들을 기존 사회와 통합시키고자 노력하였다.

21

영국령 말라야와 해협 식민지

영국의 말레이 지배

현재의 말레이시아는 싱가포르를 제외하고 말레이반도의 중부부터 끝단까지, 그리고 보르네오(칼리만탄)섬 북부의 사바와 사라왁 지역을 영토로 한다. 다른 해양부 동남아시아 국가들과 마찬가지로 말레이시아의 현재 영토도 영국의 식민 지배의 결과이다.

한때 동남아시아 무역을 주도했던 말라카 왕국이 포르투갈에 멸망한 후 말라카 왕실의 일원들은 수마투라, 벤탄, 조호르, 페락 등으로 옮겨 가 그 지역의 수장이 되었다. 이들은 그 후 포르

제4장 서양과의 조우

투갈이 지배하는 말라카와 해상 교역에서 경쟁하며 성장하였다. 17세기에는 조호르가 네덜란드와 협조하면서 말레이반도 교역의 중심지가 되었다. 네덜란드는 조호르의 도움을 받아 1641년 말라카를 점령하였으나, 말라카는 점차 쇠퇴하여 말라카 왕국 시절의 영광을 다시는 되찾지 못하였다.

18세기 말부터 영국은 인도에서 지배권을 확립해 가면서 말레이반도에 관심을 갖기 시작하였다. 영국은 산업 혁명 이후 가장 강한 유럽 국가로 변모하고 있었다. 당시 영국 상인들은 중국에서 판매할 상품과, 동시에 중국으로 가는 중간 길목인 인도양 동부에서 해군 기지를 건설할 곳을 찾고 있었다.

먼저 영국 동인도회사는 1786년 현금이 필요했던 케다의 술탄으로부터 페낭을 조차하였다. 페낭은 서양 및 인도의 물품과 주석·후추·향료 등 지역 상품을 교역하는 항구로 빠르게 성장하였다. 중국, 인도, 아랍으로부터 교역과 노동을 위해 이민자들이 들어왔고, 곧 그들의 숫자는 원주민을 넘어섰다. 각 민족들은 자체적으로 법과 관습을 유지하며 공존하였다.

유럽에서 나폴레옹 전쟁으로 네덜란드가 프랑스에 점령되며 왕이 영국으로 망명하였다. 네덜란드 왕은 1795년 아시아에서의 권리를 일시적으로 영국에 양도하였는데, 이를 바탕으로 영국은 동남아시아에서의 영향력을 확대해 갔다. 영국은 페낭에 이어 1819년 싱가포르를 건설하고, 1824년에는 네덜란드와 협약을 맺어 영국이 점령하고 있던 수마트라의 항구 및 벵쿨루와 네덜란드가 점령하고 있던 말라카를 교환하기로 결정하였다. 전통적으로 말레이인들이 활약하던 말레이반도와 자바, 수마트라는 이제 네덜란드 지배 구역과 영국 지배 구역으로 나뉘게 되었다.

이후 영국은 페낭, 말라카, 싱가포르를 식민지로 지배하는데, 이를 '해협 식민지'라고 한다. 그러나 당시까지 영국의 관심은 말레이시아 전체를 지배하는 것이 아니라 중국으로 가는 해로에 거점 항구를 확보하는 데 있었다.

1869년 수에즈 운하가 개통되면서 지중해와 홍해가 바로 연결되어, 말레이의 산물들이 보다 쉽게 유럽으로 이동할 수 있었다. 이미 19세기 초부터 말레이 술탄들은 주석과 금을 채취하기 위해 꾸준히 중국인들을 고용하여 많은 중국인들이 말레이반도에 정착하였다. 중국인 광부들은 여러 거주지를 건설하였는데, 현재 말레이시아의 수도인 쿠알라룸푸르도 그중 하나이다.

유럽이 산업화되면서 주석 수요가 급증하자 경쟁적인 중국인 집단들이 광물 주도권을 놓고 유혈 충돌까지 벌였다. 중국의 출신 지역별 모임과 천지회 같은 비밀 조직이 경쟁하면서 말레이

내부의 술탄 계승 분쟁에까지 개입하였다. 정치적, 사회적 불안정이 주석 수출에까지 영향을 미치자, 유럽인 사업가들은 망설이는 영국에게 말레이 국가들에 보다 적극적으로 개입해 줄 것을 요구하였다. 영국은 또한 경쟁 상대인 유럽 국가들의 잠재적인 위협도 고려해야 했다.

1870년대에 말레이반도 북서부의 페락에서 중국인들로 인한 문제가 계속 발생하자, 페락의 술탄은 해협 식민지 총독에게 도움을 요청하였다. 중국인들도 영국의 개입에 동의하여, 회담 끝에 술탄은 영국의 주재관 파견에 동의하였다. 주재관은 말레이의 종교와 전통을 손상하지 않는 범위 내에서 모든 권한을 행사할 수 있었다.

영국은 질서와 안정을 위해 영국의 개입이 필요하다고 말레이반도의 다른 술탄들을 설득하였으나, 속내는 산업 혁명을 위한 자원 공급처 및 시장으로 말레이가 필요했다. 페락과 맺은 것과 같은 조약들이 각 술탄과 영국 사이에 체결되어, 마침내 1896년 이들을 한데 묶은 말레이국 연방(Federated Malay States)이 탄생하였다. 말레이 술탄들과 전통적 귀족들은 상징적 지배자로만 남고 영국의 간접 지배를 받게 되었다.

북보르네오

영국은 현재의 동말레이시아인 보르네오섬 북부에서도 세력을 확장해 나갔다. 흥미롭게도 이는 영국 정부가 아니라 한 영국인 모험가에 의한 것이다.

보르네오섬 해안가에는 이슬람교도인 말레이인들이 거주하고, 내륙에는 정령을 숭배하는 고산 지대 부족들이 살았다. 1841년 보르네오섬 사라왁에서 브루나이 술탄에 대항하여 말레이 술탄이 반란을 일으킨 사건이 있었다. 이때 영국의 모험가 제임스 브룩은 배를 한 척 사서 모험 중이었는데, 개인적으로 브루나이 술탄을 돕게 되었다. 그 덕분에 그는 브루나이 술탄에 의해 사라왁의 라자(이슬람에서 술탄 아래 직위)로 임명되었다. 이로써 이후 100년간 이슬람 왕국의 한 지방이 백인인 영국인 가문에 의해 지배되는 매우 특이한 상황이 발생하였다. 제임스 브룩은 그동안 자치를 누려 온 중국 광부 정착민들과 내륙 부족인 이반을 유혈 전쟁 끝에 합병하고 해적을 소탕하였다. 이반은 정령을 숭배하고, 경작지를 옮겨 다니는 이동식 농업을 하던 부족이었다. 특히 그들은 사람을 사냥하는 것으로 악명이 높았다.

이후 사라왁은 영국의 보호 아래 독립 국가가 되었으나, 브룩 가문과 영국 및 다른 인도네시아 섬들을 지배하는 네덜란드의 관계는 때로 경직되었다. 브룩 가문은 쇠퇴해 가는 브루나이로부터 영토를 획득하면서 지배 영역을 넓혀 갔다. 그들은 또한 중국인 이민자들을 적극적으로 받아들여 환금 작물을 재배하게 하였다. 그 결과 1939년까지 중국인이 사라왁 전체 인구의 25퍼센트를 차지하였다. 일부 중국인은 후추를 재배하였는데, 20세기 초 사라왁은 세계의 주요 후추 생산지가 되었다.

브룩 가문의 지배는 제2차 세계대전이 끝나면서 함께 끝났다. 1946년 브룩 가문이 사라왁을 영국 정부에 양도함으로써 사라왁은 영국의 직할 식민지가 되었다.

한편 보르네오섬 북부는 본래 브루나이의 영토였는데, 영국의 민간 기업인 북보르네오 회사가 사들였다. 이 지역은 그 후 영국령 북부 보르네오가 되었는데(1881~1941), 이곳이 바로 오늘날 사바로 알려진 지역이다. 서양인들은 이곳에 플랜테이션들을 소유하고 고무와 담배 등을 재배하였다.

한때 이 지역의 강자였던 브루나이 역시 1904년 영국의 보호령이 되었다. 브루나이는 1920년 엄청난 양의 석유가 매장된 것이 알려지면서 경제적으로 번영하기 시작하였다.

싱가포르 건설

싱가포르는 말레이반도 남단 조호르 술탄국의 가장 남쪽 끝에 위치한, 서울보다 조금 큰 섬이다. 싱가포르는 좋은 항구의 특성을 갖춘 데다, 비록 크기는 작지만 지리적으로 중국~인도 항로의 중간인 말라카와 순다 해협뿐만 아니라 남중국해와 태평양, 인도양을 잇는 곳에 위치하였다. 일찍이 싱가포르는 인도네시아 마자파힛 왕조 시대의 기록에 떼마섹이라는 이름으로 등장하였고, 중국 원나라의 기록에도 나타난다. 이후 말라카 왕국을 건설한 초대 왕 파르메스와라가 이곳에 머물면서 '사자의 나라'라는 뜻의 싱가푸라라고 부른 것이 후일 싱가포르가 되었다.

싱가포르의 건설은 영국의 아시아 전략 및 네덜란드와의 경쟁의 결과로 볼 수 있다. 영국은 이미 18세기 말 페낭을 건설하였으나, 네덜란드인의 해상 활동을 압박하고 중국~인도 항로 사이에 해군 기지를 확보하려는 목표를 가지고 있었다. 영국 동인도회사의 스탬퍼드 래플스는 말라카 남쪽의 새로운 영국의 정착지를 찾아 1819년 싱가포르에 왔다. 당시 싱가포르는 어부들이 물고기를 잡으며 살아가는 작은 어촌이었다. 래플스 일행은 싱가포르섬 지배자의 동의를 얻어 싱가포르에 항구를 건설하였다. 그들 간의 협약은 후에 조호르의 술탄에 의해 승인되었다.

제4장 서양과의 조우

말라카 해협에 위치한 영국의 해협 식민지인 페낭, 싱가포르, 말라카는 자유 무역항이었기에, 많은 외국 교역상들이 이 항구들을 이용하게 되었다. 자유 무역항은 그때까지 유럽이나 아시아 어느 나라에서도 시도된 적이 없는, 관세가 없는 항구이다. 관세 없는 이 해협 식민지는 곧 지역의 화물 집산지이자 경제 활동의 중심이 되었다. 해협 식민지 중에서도 지리적으로 최적의 입지를 가진 싱가포르는 단연 교역의 중심이었다.

1860년대에 싱가포르는 역사적으로 동남아시아 교역의 중심이었던 스리비자야와 말라카의 뒤를 잇는 동서 교역의 중심이자, 인도~중국 사이를 항해하는 선박들의 접선지가 되었다. 교역이 발전하면서 유럽의 무역 회사들은 싱가포르에 상관을 설치하였다. 1858년 영국 동인도회사가 해체되면서 싱가포르는 영국 식민지부의 관할을 받게 됐다. 이어 영국이 1870년대부터 말레이반도를 간접 지배하게 되면서 싱가포르는 쿠알라룸푸르에 있는 총주재관의 통제 아래 놓이게 되었다.

영국의 지배 기간 동안 수백만의 중국인이 싱가포르와 말레이시아로 왔다. 그들은 말레이반도에서 노동자로, 광부로, 농장주로, 상인으로 일하였다. 이 시기 광산이나 플랜테이션에서 일용직 노동자로 일하는 중국인들을 '쿨리'라고 불렀다. 일부 중국인들은 광부로 시작해서 부유한 무역상이나 광산 소유주로 성장하였다. 대부분의 중국인들은 돈을 벌 목적으로 와서 몇 해만 머물렀으나, 일부는 현지인과 결혼하거나 중국에서 가족을 데려왔다. 정착한 많은 중국인들은 도시에 거주하는 중산층으로 성장하였다. 특히 싱가포르는 동남아시아 중국인 세계의 중심지였다. 오늘날까지도 싱가포르 인구에서 중국인이 차지하는 비율이 70퍼센트가 넘는다.

역시 영국의 지배를 받는 인도인들 역시 많은 수가 해협 식민지로 들어왔다. 1880년대 초 영국은 남부 인도의 타밀인들을 고무와 기름야자 플랜테이션에 노동자로 데려왔다. 인도인들은 상인으로, 장인으로, 또는 노동자로 일하였다.

대부분의 말레이인들은 농촌 마을에 남아 작은 규모의 무역, 어업 및 농업에 종사하였다. 이렇게 다양한 인종이 함께 거주하면서 영어, 중국어, 타밀어, 말레이어의 4개 언어가 현재 싱가포르의 공용어가 되었다.

제5장

식민 지배, 독립, 국가건설
(1900~1980년)

- 1960년대 공산주의 탄압 과정에서 50만 명 이상이 희생된 인도네시아 학살

- 1970년대 폴 포트 정권 아래 150만 명 이상이 희생된 '킬링 필드' 참상

제5장 식민 지배, 독립, 국가 건설

22

인도차이나 3국의 독립

베트남, 캄보디아, 라오스

저항, 독립, 국가 건설

제1차 세계대전이 끝나고 미국 대통령 윌슨이 민족 자결주의를 선언하자, 동남아시아 각 민족들은 민족 자결을 통해 독립을 달성할 수 있다는 꿈에 부풀었다. 그러나 자력에 의한 평화로운 독립은 실패로 끝나고, 곧이어 일어난 러시아 혁명의 영향으로 동남아시아 거의 모든 국가에서 공산당이 조직되었고, 공산주의 혁명을 통해 독립을 획득하고자 하는 이들이 생겨났다. 공산주의자들은 해외에서 교육받은 지식인, 민족주의자, 교사 및 지식인층뿐 아니라 농촌 및 노동자들 사이에서도 영향력을 확대해 갔다.

뒤이은 제2차 세계대전과 일본의 동남아시아 진출은 동남아시아의 독립에 커다란 영향을 끼쳤다. 일본의 군대 앞에서 무너지는 서구 열강을 보면서, 동남아시아의 많은 이들은 서양의 힘이 절대적이지 않다는 것을 실감하였다. 식민 정권이 무너지면서, 정도는 다르지만 각국의 독립운동가들이 전면에 나서 조직을 재건하고 미래를 계획할 시간을 가질 수 있었다. 그들은 일본의 지배 기간 동안 일본의 도움을 받아 자신들을 식민 지배해 온 유럽에 대항하기 위한 힘을 키우고자 하였다. 반면, 역시 침략자인 전체주의 일본의 지배에 저항하며 독립을 추구하는 사람들도 있었다.

베트남의 반식민 운동

20세기 초 베트남에서는 일본과 중국을 통해 받아들인 새로운 사상을 바탕으로 개혁과 독립을 추구하는 세력이 생겨났다. 1905년 일본이 러일전쟁에서 승리하자, 일본의 지원을 받아 독립을 이루하고자 하는 아시아인들도 생겨났다. 이 시기 베트남에서 가장 저명한 독립운동가였던 판 보이 쩌우도 그중 하나였다.

판 보이 쩌우는 전통적 유교 교육을 받고 과거 시험을 준비하였으나, 개혁 사상에 자극을 받은 후로는 베트남의 개혁과 독립을 위해 힘썼다. 그는 동지들과 함께 베트남 유신회를 세우고, 젊은 학생들을 일본에 보내 근대화 교육을 시키고자 하였다. 이를 '동유 운동'이라 한다. 그러나 베트남인들의 기대와 달리 일본은 곧 서양 열강과 협력하며 베트남인들을 추방하였다. 그가 베트남의 멸망에 대해 저술한『월남 망국사』는 한국에서도 번역 출판되어 독립운동가들 사이에 큰 반향을 일으켰다.

1911년 중국에서 신해혁명이 일어나 전제 왕조가 쫓겨나고 공화국이 성립하자, 이에 자극받은 베트남의 독립운동가들은 중국에서 베트남 광복회를 조직하여 암살·테러 등 활동을 벌였다. 이 과정에서 베트남과 한국의 독립운동가들이 만나기도 하였다. 판 보이 쩌우는 중국에서 1920년대 중엽까지 이들을 이끌었으나 그의 전략은 성공하지 못했고, 많은 베트남 독립운동가들이 체포되면서 조직은 힘을 잃어 갔다. 판 보이 쩌우 자신도 프랑스 경찰에 체포되어 베트남으로 돌아와 1940년에 사망할 때까지 가택연금에 처해졌다.

반면, 베트남의 또 다른 저명한 독립운동가인 판 쭈 찐은 프랑스의 식민 지배에 협력하지 않으면서도 프랑스의 지배 아래서 베트남을 개혁할 것을 추구하였다. 판 보이 쩌우가 무력을 사용하여 독립을 이루려 한 것과 달리, 판 쭈 찐은 독립보다는 베트남의 군주제와 악습을 개혁하고 근대화를 이루는 것을 우선으로 삼았다. 판 쭈 찐 역시 프랑스에 의해 체포되어 오랫동안 파리에서 생활하다가 1925년에 베트남에 돌아왔으나 그다음 해에 사망하였다. 이로써 프랑스 식민지 이전 세대의 개혁 및 독립 운동은 실패로 끝나게 된다.

이후 베트남의 반식민 운동은 프랑스 식민 통치 아래서 프랑스 및 서구식 교육을 받은 젊은 세대가 주도하였다. 베트남의 독립운동가들은 베트남에서뿐 아니라 프랑스, 중국 및 태국에서도 활동하였다.

베트남 내부에서는 1927년 응우옌 타이 혹이 베트남 국민당을 창당하였다. 당원들은 대부분 교사, 학생, 언론인 등 도시 중산층과 교육받은 지식인들이었다. 베트남 국민당은 시위 등 평화로운 방식으로는 독립을 달성하기 어려울 것이라 생각하여, 프랑스 건물에 폭탄을 던지거나 식민 관리들을 암살하는 활동을 벌였다. 그들은 무장 봉기할 때가 아직 무르익지 않았음을 알고 있었으나, 프랑스 경찰에 의해 많은 당원이 체포되자 1930년 하노이 북쪽 옌바이의 프랑스 군대를 공격하였다. 하지만 공격은 모두 프랑스 군에 의해 진압되었고, 국민당 지도자들은 거의 처형당하였다. 이후 극심한 프랑스의 탄압으로 수천 명의 당원들이 체포되었다.

이 사건으로 비공산주의 혁명가들이 대부분 체포되자, 이제 베트남의 독립 운동은 공산주의자들이 주도하게 된다. 이 시기 베트남의 공산주의자들은 잘 조직되어 있었고, 표면에 드러나지 않은 채 활동하였다.

베트남 공산당의 지도자는 우리에게도 잘 알려진 호 찌 민(호지명)이다. 그는 베트남 관료 집안에서 태어나 전통 유교 교육과 서구식 교육을 모두 받았다. 그는 서구에 대해 알고자 유럽으로 가는 배에 요리사 보조로 올라 미국, 영국을 거쳐 프랑스에 도착하였다. 프랑스에서 그는 프랑스 사회당에 가입하고 사회주의 사상을 배웠다.

1919년 호 찌 민(당시 이름은 응우엔 아이 꾸옥으로, 애국자라는 뜻)은 파리 강화회의를 위해 모인 열강의 지도자들에게 베트남의 독립을 요구하며 활동하였다. 그러나 서구 열강은 1차대전 승전국들의 식민지에는 아무런 관심도 없었다. 다른 아시아인들과 마찬가지로 호 찌 민도 이 회의를 통해 서구 열강에서 주장하는 '자유'와 '자결'은 오직 서구인들에게만 해당한다는 제국주의의 본질을 깨닫고 실망하게 된다.

이후 호 찌 민은 프랑스 공산당이 창당할 때 창립 당원으로 가입하였다. 호 찌 민은 모스크바에서 열린 코민테른(국제 공산주의) 대회에 참석한 후 중국으로 이동하였다. 거기서 판 보이 쩌우가 체포된 후 남아 있는 조직을 재건하여 1925년 베트남 청년혁명 동지회('청년')를 조직하였다. 청년은 표면상으로는 민족주의 단체였으나 핵심 조직은 청년 공산당으로 공산주의 단체였다. 이들은 베트남에 잠입하여 사람들을 훈련시키고, 훈련받은 일부는 중국으로 건너가 황푸 군관학교 등에서 교육을 받았다.

1930년에 호 찌 민과 동료들은 인도차이나 공산당을 조직하였다. 인도차이나 공산당은 이미 프랑스의 영향을 많이 받은 베트남 남부보다 북부와 중부에서 활발히 세력을 확장하였다. 베트남 내의 공산주의자들은 응에띤에 소비에트를 수립하고 프랑스의 공격을 버텨 냈으나, 1931년 모두 진압되었다. 각지의 핵심 공산당원들 역시 대거 체포되었지만, 인도차이나 공산당은 코민테른의 도움으로 조직을 재건하고 노동자들의 파업을 주도하였다.

제2차 세계대전이 발발하자 호 찌 민은 베트남 독립동맹(베트민)을 결성하였는데, 베트민은 프랑스와 일본에 대항하여 각계각층의 혁명 세력을 규합하는 것을 목표로 하였다. 베트민에서 공산당은 전면에 나서지 않고, 이 단체를 통하여 더 많은 사람을 공산당으로 포섭하고자 하였다.

한편 베트남 남부에서는 까오다이, 호아하오 등 불교의 신흥 분파들이 등장하여 농민들과 도시 하층 노동자들에게 큰 영향을 끼쳤다.

독립과 베트남 전쟁

제2차 세계대전이 일어나자 일본은 프랑스 본국 정부에 외교적인 압박을 가해 인도차이나에 자국 군대를 진주시키고, 1945년 3월에는 직접 인도차이나를 무력으로 장악하였다. 이로써 80여 년간 지속된 프랑스 식민 지배가 끝나고 일본군의 군정이 시작되었다.

일본의 지배는 비록 5개월에 그쳤지만, 이 시기는 새로운 인물들이 권력을 얻을 기회를 제공하였다. 일본은 응우옌 왕조의 마지막 황제인 바오 다이를 황제로 인정하여 중부와 북부만으로 베트남의 독립을 선포하게 하고, 쩐 쫑 낌을 총리로 내각을 구성하게 하였다. 그러나 그해 북부에서 200만 명이 사망하는 대기근이 발생하고, 인도차이나 공산당이 이끄는 혁명 운동이 거세지며 바오 다이의 정부는 한계를 드러냈다.

베트민의 지도자 호 찌 민은 미군과 협력하면서 도시와 농촌 각지에서 베트민의 활동을 활발히 이끌었다. 일본이 항복하자마자 베트민은 즉각적으로 봉기를 일으켜 하노이를 장악한 후 황제에게 권력을 이양받고, 9월 2일 베트남 민주공화국의 독립을 선언하였다(8월 혁명).

그러나 2차대전 종전 전에 이루어진 알타 협정에 따라 종전 후 베트남 내의 일본군 무장 해제를 위해 북위 16도선을 경계로 중국과 영국의 군대가 각각 북쪽과 남쪽에서 들어왔다. 이어, 베트남을 비롯한 인도차이나의 독립을 전혀 받아들일 생각이 없었던 프랑스의 군대도 인도차이나에 돌아왔다. 프랑스는 영국이 진입한 지역의 통제권을 넘겨받고 지역의 지배권을 회복하였다. 호 찌 민과 프랑스는 여러 차례 대화를 통해 독립 문제를 해결하려고 하였으나, 총격전이 벌어진 것을 계기로 1946년 제1차 인도차이나 전쟁이 발발하였다. 이후 베트남 공산당은 1954년까지는 독립을 되찾기 위해 프랑스의 식민 정권과, 다시 1975년까지는 남북 통일을 이루기 위해 미국과 거의 30년에 이르는 전쟁을 치르게 되었다.

1954년 제1차 인도차이나 전쟁 종전으로 성립된 제네바 협정에 의해 베트남은 북위 17도선을 경계로 베트남 민주공화국(수도 하노이)과 바오 다이의 남베트남(수도 사이공, 현재의 호찌민)으로 분단

되었다. 남베트남에서는 1955년 응오 딘 지엠이 미국의 지원을 받아 왕정을 폐지하고 초대 대통령으로서 공화 정권을 수립하였다. 제네바 협정은 남북이 함께 총선거를 하도록 요구하였으나, 선거를 치를 경우 호 찌 민이 승리할 것이 거의 확실했으므로 남베트남과 미국은 응하지 않았다.

북베트남은 처음에는 남베트남의 무장 봉기를 지원하기보다는, 북베트남에 먼저 사회주의 국가를 건설하고 남베트남이 총선거에 동의하기를 기다렸다. 그러나 남베트남에서 공산주의자에 대한 압박이 심해지자, 남베트남의 공산주의자들을 지원하기로 결정하였다.

프랑스 군이 전세를 뒤집기 위해 심혈을 기울여 방비하던 디엔비엔푸가 함락되면서 프랑스는 베트남에서 완전히 물러나고, 인도차이나의 공산화를 두려워한 미국이 전쟁을 이어받게 되었다. 남베트남에서는 일명 베트콩이라 불리는 반란 세력이 정부군에 맞서 싸웠고, 정부는 연이은 군사 쿠데타로 불안정했다. 남베트남을 지원하던 미군은 1964년 통킹만에서 미군 함정이 북베트남의 공격을 받았다는 것을 구실로 전쟁을 확대하여, 미군뿐만 아니라 국제 사회의 참전까지 이끌어 내어 지상군을 파병하였다. 우리나라도 미국에 호응하여 1965년부터 전투 병력을 베트남에 파병하였다. 전쟁 기간 베트콩에 대한 북베트남의 물자와 군수 지원은 라오스와 캄보디아의 산악 지대를 통하는 '호찌민 트레일'을 통해 이루어졌다. 베트남과 미국의 전쟁은 베트남을 비롯한 캄보디아와 라오스의 미래에도 큰 영향을 끼쳤다.

베트남 전쟁은 1973년 파리에서 평화 협정이 체결되어 미군이 철수하면서 결정적인 전기를 맞았다. 마침내 1975년 남베트남의 수도인 사이공이 함락되면서 북베트남에 의한 베트남 통일이 이루어졌다.

캄보디아와 라오스의 독립과 사회주의화

캄보디아는 태국과 베트남의 진출로 위협받다가 프랑스의 보호 아래 국가를 유지할 수 있었다. 라오스는 하나의 주권 아래 있지 않던 영토들이 프랑스에 의해 합쳐져 새로운 경계를 가진 나라로 탄생하였다.

프랑스의 보호국이 되기 전 캄보디아와 라오스가 직면한 문제는 식민 지배냐 독립이냐가 아니라, 프랑스의 지배를 받을 것인가 다른 이웃 국가의 지배를 받을 것인가였다. 캄보디아와 라오스의 입장에서는 국경을 접한 강력한 이웃 국가들에 비해 프랑스는 아주 멀리 떨어져 있어서 직접적인 위협이 적었다. 또한 프랑스로부터 많은 이주자들이 건너올 가능성도 적었다. 게다가 프랑스의 이른바 '문명개화' 정책은 소규모의 엘리트 집단에게만 해당하는 것이어서, 대부분의 농민들은 프랑스 문화의 영향을 거의 받지 않았다. 베트남에서와 달리 이 두 나라에서는 프랑스의 지배도 비교적 온건했다. 이런 상황에서 프랑스가 떠날 경우, 다시 강한 이웃 국가의 위협을 받을 수 있었다. 이 때문에 라오스와 캄보디아에서는 민족주의의 성장이 비교적 늦었다. 캄보디아와 라오스의 지배 계층 사람들 다수는 프랑스를 '자애로운 보호자'로 인식하였다.

그럼에도 불구하고 캄보디아와 라오스에서도 프랑스 식민 정부에 대항하는 대중의 저항이 일어났다. 또한 모든 엘리트 집단이 프랑스의 지배를 이롭다고 생각한 것도 아니었다. 지배층에 속한 사람들 중 일부는 제2차 세계대전이 일어나기 전에 이미 프랑스의 식민주의에 반대하는 민족주의자로 변모해 있었다.

2차대전 중에, 향후 수십 년간 캄보디아의 정치를 이끌게 될 노로돔 시아누크 왕이 정치의 전면에 등장하였다. 1945년 일본이 베트남에서 일으킨 '3월 쿠데타' 덕에 캄보디아는 명목상 독립을 얻었다. 그러나 프랑스가 돌아오자 시아누크 왕은 캄보디아가 프랑스 연방에 속한 왕국으로 남을 것에 합의하고, 그해

9월 첫 번째 선거가 치러졌다.

라오스에서는 1945년 3월 이후 왕실의 권위가 약화되고 펫싸랏 왕자와 민족주의자 단체인 라오 잇싸라(독립 라오)의 영향력이 커져 갔다. 일본이 연합국에 항복하자 펫싸랏 왕자는 이복형제인 수파누봉과 함께 비엔티안에 임시 정부를 수립하였다. 그러나 프랑스가 라오스를 재점령하면서 임시 정부는 방콕으로 망명하고, 시사바누봉 왕(재위 1954~59)이 캄보디아와 비슷한 내용의 협정을 프랑스와 체결하였다.

그러나 프랑스가 인도차이나에서 물러나고 1954년 제네바 협정에 따라 캄보디아와 라오스 두 나라는 완전한 독립을 획득하였다.

캄보디아에서는 이후 시아누크 왕이 퇴위하고 인민사회주의 공동체당을 조직한 후 총선에서 승리하여, 1970년 론놀이 미군의 지원으로 쿠데타를 일으킬 때까지 정국을 주도하였다. 시아누크는 '불교 사회주의'를 주창하였고, 정책에서 변덕스럽게 좌·우 진영을 오갔다. 외교적으로는 중립을 내세우며 미국과 외교 관계를 끊기도 하였다.

한편 1970년 초까지 폴 포트가 이끄는 좌파 세력인 크메르 루주('붉은 크메르')가 상당한 규모로 농촌 지역을 장악해 갔다.

1970년 3월 시아누크가 해외에 있는 동안 총리 론놀이 쿠데타를 일으켜 시아누크를 권력에서 밀어내고 크메르 공화국의 수장이 되었다. 그러다 1975년 크메르 루주가 캄보디아를 장악하면서 민주 캄푸치아를 세워 마오쩌둥의 중국을 모델로 극단적인 공산주의 정책을 펴게 된다. 1979년까지 크메르 루주가 지배한 4년 동안 150만 명 이상의 캄보디아인이 강제 노동, 기아, 질병, 고문과 처형 등으로 사망하는 등 이루 말할 수 없을 만큼 잔혹한 일이 벌어진다. 이러한 캄보디아의 실상은 1984년 영화 〈킬링 필드〉를 통해 세계에 알려지며 국제적인 비난을 받게 된다.

라오스에서는 수파누봉이 이끄는 파텟 라오('라오인의 땅')가 이후 수십 년간 정치를 이끌게 되었다. 제네바 협정은 파텟 라오를 정부로 인정하지 않았지만, 일부 지역을 점령하는 것은 눈감아 주었다. 이후 22년간 라오스는 라오 왕정과 파텟 라오 사이의 내전을 겪었고, 중간에 양측 간의 조약이 이루어지거나 연합 정부가 성립하기도 하였다.

남베트남과 달리 라오스에는 수바나 푸마 왕자가 이끄는 중립주의 세력이 있었다. 수바나 푸마는 영향력 있는 정치인이었으나, 그가 참여해 구성한 연합 정부는 효과적이지 못하였다. 결국 1975년 파텟 라오의 혁명군이 비엔티안을 점령하고 라오 민주인민공화국을 세웠다.

인도차이나의 세 나라 베트남, 캄보디아, 라오스는 1945년 이래 처음에는 식민주의에 저항하여, 후에는 냉전 시기와 맞물려 공산주의와 반공산주의의 투쟁으로 30년의 시간을 보낸 끝에 각자 공산주의 국가를 건설하였다.

23

버마의 독립과 사회주의화

버마 민족주의 운동

버마는 베트남과 함께 동남아시아에서 반식민 민족주의 운동이 가장 활발하게 일어난 나라이다. 버마가 영국령 인도의 일부로 통치되는 것에 대한 버마인의 불만이 컸기 때문이다. 특히 버마인들은 인도인 공동체를 싫어하였는데, 이는 영국의 지배 아래 많은 인도인들이 버마에 와서 부유한 상인, 지주, 대금업자가 되었기 때문이다. 버마인들은 자신들이 누려야 마땅한 이익을 인도인들이 빼앗아 간다고 여겼다.

버마의 민족주의 운동에서 인종 문제는 중요한 화두였다. 앞에서도 언급했듯이 버마는 다양한 인종으로 구성된 나라다. 여기에다 영국의 지배 아래 인도인들과 중국인들까지 대거 이주하게 되었고, 영국의 종족별 분리 정책은 종족 간 긴장을 증가시켰다. 영국은 기독교도가 된 동부 버마의 카렌족 같은 소수 민족을 선호하여, 대부분의 경찰을 그 민족들로 충당하였다. 소수 민족들도 버마인의 강압적인 지배보다 자신들에 대한 보호를 제공할 수 있는 영국의 식민 지배를 선호하였다. 그들은 버마가 식민 지배에서 독립할 경우 자신들의 위치가 어떻게 변화할지 우려하고 있었다.

1906년 버마에서는 기독교청년회(YMCA)를 모델로 불교청년운동(YMBA)이 창설되었다. YMBA는 서구 교육을 받은 개혁 성향의 정부 관리들에 의해 조직된 버마의 첫 번째 현대적 조직이다. YMBA는 버마의 문화 및 교육, 국산품 장려 등을 목적으로 세워졌으나, 곧 정치 문제에도 관심을 갖게 되었다. YMBA의 후속 기관으로 정치적 행동에 나서기 위해 1920년에 '버마인 조직연합회(GCBA)'가 조직되었다.

1920년대 인도에서의 정치적 발전에 힘입어 버마에서도 버마인의 정치적 참여가 확대되었다. 민족주의자들은 개혁을 요구하고 단합을 이끄는 데 불교를 활용하였다. 버마의 불교 승단인 '상가' 역시 민족주의 운동에 동참하여 조직을 결성하였다.

랑군(지금의 양곤)의 학생들도 민족주의 운동에서 중요한 역할을 담당하였다. 학생들은 여성의 권리 신장을 주장하여 랑군 대학에서 여성이 부학생회장으로 당선되기도 하였다. 여러 학생 운동 단체 중 영국의 지배에 대해 한층 공격적인 학생 운동이 등장하였는데, 그들은 스스로를 '타킨'(주인이라는 뜻으로, 자신들이 버마의 주인임을 선언한 것)이라 불렀다. 그들은 마르크스주의자부터 종교와 교육의 분리를 주장하는 세속주의자까지 다양한 사상적 배경을 가지고 있었다. 우누는 이러한 학생 운동의 중심 지도자였는데, 그는 신실한 불교도였고, 마르크스의 책을 포함한 서양 서적들을 버마어로 번역하였다.

타킨은 학생들의 파업이나 시위를 주도하고 지원하였다. 1936년 랑군 대학에서 큰 규모의 학생 파업이 일어나자 대학은 학생회장 우누를 퇴학시키고 학생 신문 편집장인 아웅 산을 징계하였다. 그러나 학생 파업이 점차 확대되어 32개의 중등학교까지 가담하자 학교는 학생들의 요구 일부를 받아들였다. 후에 아웅 산은 버마 독립 운동의 상징적 지도자가 되었고, 우누는 독립 후 첫 번째 총리가 되었다. 아웅 산의 딸인 아웅 산 수 치도 정치 지도자로서 현재 군부 독재 아래 버마 민주화의 상징으로 활동하고 있다.

영국은 1935년 버마에 의회 제도를 도입하였다. 이 제도로 지역의 정치인들이 버마 내 정부 운영의 여러 부분을 책임지게 되었고 정당도 조직되었다. 첫 번째 버마인 총리로 바 모 박사가 1939년까지 정부를 이끌었다. 그는 강력한 반영 지도자로, 제2차 세계대전이 발발했을 때 영국을 지원하는 것에 공식적으로 반대하다가 체포되어 1년간 감옥에 있다가 일본군이 버마에 진입하자 풀려났다. 일본군은 버마의 민족주의자들이 정부를 구성하도록 허락하였다.

버마 경제의 변화와 농민 반란

버마의 농촌 경제는 전통적인 자급 농업에서 수출 중심의 쌀 생산 경제로 전환해 갔다. 이는 버마인들 사이에 공동체 인식이 싹트게 함과 동시에, 세계 경제에서 버마의 위치를 쌀 수출국으로 변화시켰다. 버마의 농촌 정책도 쌀 생산 및 수출에 집중하였다. 덕분에 델타 지역에 거주하는 농민들은 19세기 중엽까지 넉넉한 수입을 올릴 수 있었다.

그러나 20세기 초 농경이 가능한 거의 모든 땅이 경작되면서 농민들은 더 이상 경작지를 확대하거나 소유할 수 없게 되어, 제한된 자원을 놓고 경쟁하게 되었다. 1920년대에 이르면 도시에 거주하는 부재지주들이 향촌의 땅을 소유하게 되었다. 게다가 1880년대부터 인도인과 대농장주가 대출 사업에 뛰어들면서 버마의 경제는 인도인들의 영향을 받게 되었다. 특히 인도인들이 대출 사업을 주도하였는데, 세계 경제 대공황의 여파로 농민들이 대출금 등을 갚을 수 없게 되자 농지는 소수에게 더 집중되었고, 많은 지주들은 인도인이었다.

1929년 시작된 대공황이 버마 경제에까지 영향을 끼치면서, 델타 지역에서는 무장 반란이 빈번하게 일어났다. 이는 1930년의 대규모 사야 산 반란으로 이어졌다. 불교 승려 사야 산이 주도한 반란은 영국의 지배에 가장 위협적인 반란이었다. 사야 산은 영국을 몰아내고 스스로 왕이 되어 전통적인 불교 왕실을 재건하고자 하였다. 반란군은 경찰서와 촌락의 수장, 인도인 무역상들과 영국 거주민들을 공격하였다. 그러나 반란군의 무장은 빈약했고, 1만 5,000명의 추종자들은 부적이 총알로부터 그들을 보호해 줄 것이라 믿었다. 영국의 반격으로 반란군의 절반이 죽거나 다치고, 사야 산은 체포되어 처형되었다.

독립과 버마식 사회주의

1942년 1월 일본이 버마를 침략한 직후 식민 정부는 붕괴되었다. 그동안 영국에 협조한 사람들은 체포되거나 영국군의 퇴각과 함께 버마를 떠나고, 젊은 민족주의자들이 새로운 지도자가 되었다. 그들 중 많은 이들은 중국으로 망명해서 일본군에 의해 훈련받고 버마 독립군을 조직하여 활동하였다. 그들은 스스로를 '30명의 동지'라고 불렀는데, 이 시기 이후 버마 정치를 주도한 많은 이들이 바로 이 집단에 속하였다. 일본은 버마를 장악한 후 1943년 8월 바 모를 수장으로 정부를 수립하고 버마를 독립시켰다.

한편, 퇴각한 영국군을 비롯한 연합군은 버마를 탈환하기 위해 반격에 나섰다. 전황이 차츰 일본에 불리해지자 버마의 지도자들은 다시 영국에 협력하고 이를 통해 독립을 얻고자 하였다. 아웅 산은 이미 1944년 반파시스트 기구(후에 인민자유연맹)를 조직하고 비밀리에 영국과 접촉하여 연합군에 협력하였다. 1945년 3월 아웅 산의 군대는 일본에 대항해 반란을 일으켰다. 5월에 영국이 랑군을 재점령하고 일본은 퇴각하였다.

하지만 이제 버마는 다시 이전의 식민 제국과 맞서야 했다. 2년간의 협의 끝에 1947년 아웅 산이 런던에 가서 아웅 산·애틀

리 합의를 하고 버마를 독립시키는 일정을 확정 지었다. 이어 아웅 산은 소수 민족 지도자들과 만나 그들에게 상당한 수준의 자치를 허용하기로 하였고, 4월의 제헌 의회 선거에서 아웅 산이 이끄는 인민자유연맹이 압승을 거두었다.

그러나 1947년 7월 아웅 산과 5명의 장관이 암살되는 사건이 일어났다. 아웅 산의 리더십이 정치, 군사 등 모든 면에서 중요한 역할을 하였기에, 그의 암살은 이후 버마가 연합되지 못하고 여러 파로 분리되는 데 큰 영향을 끼쳤다. 영국과의 독립 협상은 우 누에 의해 마무리되어, 마침내 1948년 1월 버마는 영국으로부터 독립하였다.

비록 독립을 이루었지만, 이후 버마의 중앙 정부는 약한 통제력, 부패, 심각한 경기 침체 등 여러 어려움에 직면하였다. 또한 버마의 지배를 두려워하여 독립을 요구하는 카렌족 등 소수 민족들의 저항과 공산주의자들의 활동으로 인해 1948년부터 1962년까지 거의 모든 주요 도시에서 내전을 겪었다. 1939년 조직된 버마 공산당은 1946년 분열되고, 소수파인 '적기'가 반란을 일으켰다. 1948년부터는 공산당 내 다수파인 '백기' 역시 반란을 일으켰다. 인민자유연맹 역시 1958년 둘로 분열되었다.

군부는 이러한 분열을 해결할 수 있는 것은 군밖에 없다는 확신을 갖게 되었다. 이미 1958년부터 군에 의해 사실상 장악되어 있던 우누의 문민정부는 1962년에 네 윈 장군의 쿠데타에 의해 전복되었고, 지금까지도 버마 정치에서 군이 갖는 영향력은 막강하다.

네 윈은 '사회주의를 향한 버마의 길'을 주창하고 대외 및 국내 무역을 모두 국유화하였다. 그동안 민간에 속했던 분야들을 혁명평의회가 접수하였고, 국제 사회로부터 고립을 자초하였다. 1974년의 새로운 헌법은 버마를 '군과 버마 사회주의계획당(BSPP)이 지배하는 단 하나의 정당만을 가진 국가'로 선언하였다. 네 윈은 1981년까지 버마 대통령으로, 이후 1988년까지는 BSPP의 당 대표로 재임하였다.

인도네시아의 성립

네덜란드의 개혁 정책

네덜란드는 인도네시아의 흩어진 섬들과 여러 국가들을 네덜란드 동인도회사로 통합시켰다. 이것이 인도네시아라는 정치적 공동체의 모태가 되었다.

인도네시아를 이루는 섬과 국가들은 역사적으로 한 번도 한 나라의 이름 아래 연합한 적이 없었기에, 인도네시아 공통의 국민감정은 매우 미미하였다. 또한 각 섬의 주민들은 각각 다른 언어를 사용하면서 독특한 문화를 유지해 왔다. 이러한 다양성은 후에 인도네시아가 독립하여 국가를 건설하며 국가 정체성을 확립해 나가는 데 어려움으로 작용하였다.

20세기 들어 네덜란드는 인도네시아의 근대화를 돕고 식민 지배를 청산하는 '윤리 정책'을 발표하였다. 윤리 정책을 주창한 인물 중 가장 큰 영향을 끼친 사람은 변호사인 반 드반터이다. 그는 1899년 네덜란드가 인도네시아에 '명예의 빚'을 졌다면서, 인도네시아로부터 얻은 모든 부를 돌려줘야 한다는 내용의 논문을 발표하였다. 네덜란드 자본가들은 인도네시아를 거대한 잠재적 시장으로 보았는데, 그 시장이 발전하기 위해서는 현지인들의 삶의 수준이 높아져야 한다고 생각해 윤리 정책을 지지하였다. 윤리 정책의 핵심은 관개 사업, 이주, 그리고 교육이었다. 관개 사업은 쌀 생산을 돕고, 이주는 자바인들을 다른 섬으로 이주시킴으로써 자바의 인구 증가를 제한하는 것이었다. 그러나 결국 윤리 정책에서도 사실상 가장 핵심적인 부문은 교육이었다.

교육 개혁은 먼저 고등교육에서 이루어져, 관료 양성 학교와 의학교가 1900년대 초 생겨났다. 또한 대중 교육을 위해 마을 학교가 세워졌는데, 재정은 대부분 마을 자체적으로 충당되었다. 그러나 이러한 정부의 노력의 성과는 미미하였고, 문해율은 자바 밖의 기독교계 학교가 있는 섬들에서 오히려 더 높았다. 이슬람 학교를 통해서도 많은 사람들이 교육을 받았다. 식민 정부는 대학 수준의 교육도 도입하여, 1920년대에 기술대학과 법과대학이 세워졌다.

네덜란드의 윤리 정책의 직접적인 영향은 그다지 크지 않았으나, 이 정책으로 인해 새로운 엘리트 계층이 탄생하여 후에 독립 인도네시아를 지도하는 첫 번째 세대로 성장하였다.

민족주의 운동의 다양한 흐름

1900년대 초 민족주의자들이 여러 단체를 조직하였다.

자바의 귀족들이 조직한 부디 우토모('숭고한 노력')는 자바가 근거지이면서도 자바어 대신에 인도네시아어를 공식적으로 사용할 것을 주창하였다. 그러나 그들의 비전은 아직 인도네시아 전체에 영향을 끼치지 못하였고, 독립을 주장하지도 않았다.

다른 초기 민족주의자들은 나라의 자유를 추구하고 문화와 언어가 통일된 국가를 꿈꿨다. 말레이어는 바타비아와 동부 수마트라 등 서부 인도네시아의 많은 사람의 모국어이고, 교역에서도 사용되는 언어였다. 지식인 민족주의자들은 말레이어를 새로운 통일 국어로 사용할 것을 주장하며, 이를 '바하사 인도네시아'라고 불렀다. 새로운 문학작품과 신문, 잡지, 책들이 바하사 인도네시아를 사용하면서 이 언어는 점차 인도네시아 언론과 교육의 중심 언어가 되었다.

국가 정체성의 위기와 서구 문화의 전통문화 위협 속에서 종교적인 전통이 새로이 조명되었다. 이슬람교도들은 정통 이슬람 신앙을 바탕으로 근대화를 이룰 것을 추구하는 '무함마드의 길' 운동을 폈다. 이 운동에는 여성 조직들도 참여하였다. 그들은 인도네시아의 전통적인 관습을 후진적이라 여기고 진보된 이슬람 국가를 세우는 것을 추진하였다. 그들은 무함마드 이외의 다른 이슬람 학자들의 글에는 가치를 두지 않고, 공공장소에서 남성과 여성을 분리하며, 중동과 남아시아의 관습을 따르기를 원했다. 이들은 사레캇 이슬람(이슬람 연합)을 조직하였는데, 이것이 인도네시아 식민지에서 생겨난 첫 번째 정치 운동 조직이었다.

러시아에서 혁명이 성공한 후 일부 이슬람 연합 조직원들은 마르크스 사상에 끌렸다. 그들은 식민 지배를 청산하기 위해서 네덜란드 공산주의자들과 손잡기 시작했고, 식민 정부는 이들을 탄압하고 유배하였다. 마르크스주의자들은 이슬람 연합을 떠나 1920년 인도네시아 공산당(PKI)을 조직하였다. 공산당은 자바섬의 농민들 및 도시 노동자들의 호응을 받아 빠르게 성장하였다. 그들은 1926년 폭동을 일으켰으나 실패하여 1만 3,000여 명이 체포되고 4,500여 명이 수감되거나 유배되었다.

공산당이 파괴되고 이슬람 연합도 쇠퇴하면서, 다른 민족주의자들의 조직이 생겨났다. 인도네시아 여성 기구가 조직되어 독립을 지지하였다. 1927년 인도네시아 국민당(PNI)이 창당하여 인도네시아 전체에 걸쳐 새로운 국가적 정체성을 만들어 내고자 하였다. 후일 인도네시아의 첫 번째 대통령이 되는 수카르노(1901~70)가 국민당의 핵심 설립자였다.

수카르노는 자바인 이슬람교도 아버지와 발리인 힌두교도 어머니 사이에서 태어났다. 그 자신은 이슬람교도이지만 인도네시아 식의 자유로운 이슬람교도였다. 그는 어린 시절 이슬람 연합의 지도자와 함께 공부하였고, 반둥에서 공학을 공부한 후 정치에 뛰어들었다. 그는 범이슬람주의, 국제 공산주의, 계급 투쟁 및 종교 부흥 운동 등을 핵심 사상으로 삼기를 거부하였다. 독립을 위한 민족주의 투쟁이 이 모든 것에 우선한다고 생각했기 때문이다. 그가 조직한 인도네시아 국민당은 인도네시아의 첫 번째 반식민 조직이었다.

한편 네덜란드에서 공부하는 인도네시아 학생들 사이에서도 민족주의 운동이 일어났다. 그들 중 모하마드 하타와 수탄 스자히르가 지도적인 인물이었는데, 둘 다 후일 독립한 인도네시아에서 중요한 역할을 담당하게 된다.

1929년 수카르노와 다른 국민당 지도자들이 체포되었지만 민족주의는 더 확산되어 갔다. 많은 민족주의자들이 1932~34년 사이에 체포되었다. 그럼에도 1942년까지 민족주의자들이 대중적인 지도자의 지위를 확립하였다. 수카르노, 하타, 스자히르, 하지 라술을 비롯한 수백 명의 민족주의자들은 감옥에 갇히거나 유배되어, 식민 정부를 위협할 만한 위치에 있지는 못하였다.

독립과 통일 국가의 형성

인도네시아에도 1942년 1월 일본이 침략해 왔다. 네덜란드와 연합군이 일본에 패배하여 식민 정부가 항복하면서 네덜란드 식민 지배는 막을 내렸고, 그들의 지배는 다시는 완전히 회복되지 않았다.

일본은 전쟁을 수행하기 위해 인도네시아에서 기름, 고무, 주석 같은 전략적 자원을 공급받기를 원하였다. 사실은 이러한 자원 공급이 일본이 동남아시아로 향한 주요 이유였다. 그러나 연합군의 공세 때문에 인도네시아의 물자를 일본으로 실어 보내는 일은 쉽지 않았다. 인플레이션 문제는 더욱 심각했다. 일본은 인도네시아를 가혹하게 통제하여 식량과 노동력을 징발하였다. 결국 1944년 기근이 발생했는데, 인도네시아인들은 네덜란드의 통치 시기보다 일본의 3년 6개월 지배 동안에 더 큰 어려움을 겪었다.

일본은 인도네시아를 세 지역으로 나누어 점령하였다. 자바에서는 민족주의가 이미 널리 퍼지고 있음을 깨닫고, 일본의 지배에 협조하게 하기 위해 수카르노, 하타, 스자히르 등의 민족주의자들을 석방하였다. 일본은 또한 이슬람에도 접근하여 협조를 구하고, 일본군을 지원하기 위한 준군사적 성격의 청년 운동을 조직하였다.

1945년 일본의 지원 아래 인도네시아의 독립이 준비되기 시작하였다. 독립을 준비하면서 이슬람을 국가의 철학적 근본으로 할 것인가 아니면 보다 세속적인 형태의 민족주의를 따를 것인가 하는 논의 끝에, 수카르노는 모든 민족 및 종교를 포용하기 위해 판차실라('5개의 원칙')를 인도네시아 건국의 기본 이념으로 삼기로 하였다.

연합군이 인도네시아에 상륙하기 전 일본이 갑작스럽게 항복하면서 인도네시아에 군사적 공백이 발생하였다. 수카르노와 하타는 이 기회를 놓치지 않고 1945년 8월 17일 인도네시아 공화국의 독립을 선포하였다. 수카르노와 하타가 초대 대통령(~1967)과 부통령(~1956)에 취임하였다.

일본이 퇴각하면서 남긴 많은 무기들을 인도네시아인들이 접수하여, 연합군이 뒤늦게 인도네시아에 진입했을 때 무장 저항 운동이 일어나기도 하였다. 또한 각지에서 친공화국파가 반대파들에게 폭력을 행사하기도 하였다. 중앙 정부는 이러한 국내의 무질서와 함께 네덜란드의 공격 위협에도 직면하였다.

1945년 말부터 네덜란드는 연합군으로부터 인도네시아의 섬들에 대한 통제를 돌려받기 시작해서 1946년 6월까지 자바와 수마트라를 제외한 인도네시아를 잠깐 다시 지배할 수 있었다. 친공화국 활동가들은 체포되거나 지하로 숨어들었다.

1946년 11월 네덜란드와 공화국은 1949년 1월 1일까지 인도네시아 연방공화국을 탄생시킨다는 첫 번째 외교적 합의를 도출했으나, 양쪽 모두 상대방을 믿지 못하였다. 중앙 정부가 실각하자 네덜란드는 군사적 개입을 결정하고, 1947년 7월 첫 번째 '경찰 행동'을 일으켜 자바와 수마트라의 일부를 장악하였다. 그러나 유엔이 발 빠르게 개입하여 대화와 협상으로 문제를 해결할 것을 촉구하면서 전쟁은 일단 중단되었다.

1948년에는 인도네시아 공산당 지지자들이 동부 자바 마디운에서 폭동을 일으켜 수천 명이 사망하였다. 폭동은 곧 진압되고 공산주의 지도자들은 체포되거나 살해되었다. 이 사건을 통해 군부는 수카르노가 다른 사람으로 대체 불가능한 지도자임을 인정하게 되었다. 인도네시아 공화국의 반공산 기조가 명확해지자 미국 정부도 인도네시아의 독립을 지지하게 되었다. 네덜란드는 2차 경찰 행동으로 다시 군사 작전을 시도했으나 국제 사회의 개입으로 실패하였다.

결국 협상 끝에 1949년 12월 27일 네덜란드는 인도네시아의 독립을 인정하였다. 단, 파푸아는 네덜란드 식민지로 남고, 동티모르는 1975년까지 포르투갈의 식민지로 남았다. 계속되는 반체제 반란과 정국의 혼란 속에서 수카르노는 '교도 민주주의'를 새로운 형태의 정치 원리로 발표하였다. 정당을 폐지하지는 않았지만 역할을 축소시키고, 엘리트의 교도(안내자)적 역할을 강조하는 것이 골자였다.

1955년 인도네시아 자바 서부의 반둥에서 아프리카·아시아 회의(반둥 회의)가 개최되었는데, 이는 아시아 및 아프리카 국가들이 냉전 시대에 비동맹·중립을 고수하고 유대를 강화하기 위한 것이었다.

그러나 이슬람, 공산당, 다른 정파 등이 주도하는 시위와 반란은 계속되었고 경제는 무너지기 직전까지 이르렀다. 인도네시아 공산당은 1963년 땅이 없는 농민들에게 토지를 분배하는 토지개혁안에 착수하였는데, 이는 토지 소유자들에 대한 직접적인 위협으로 작용하여 반대 투쟁이 시작되었다. 결국 1965년 수하르토에 의한 군사 쿠데타가 발생하여 다시 정부가 군부의 손에 떨어졌다. 이 시기 공산당 지도자들과 당원들, 공산주의자들과 그에 동조하는 사람들이 다수 살해되어 2년간 50만 명이 희생되었을 것으로 추정된다.

수하르토는 1968년 대통령에 취임해 1998년까지 재임하였다.

25

필리핀의 독립과 그 후

미국의 지배와 독립의 여정

필리핀을 궁극적으로 독립시키려는 미국의 계획은 1901년 미국 의회가 군정을 폐지하고 문민정부를 세우면서 실행에 옮겨지기 시작하였다. 윌리엄 태프트(후에 미국 대통령)가 필리핀 위원회의 회장으로 남아 초대 민간인 총독을 지냈다. 그는 미국의 통치권을 확립하고 필리핀인의 저항을 종식시켰다. 태프트는 일루스트라도 계층의 충성을 얻기 위해 그들에게 필리핀 위원회의 직위를 주었다. 몇몇 일루스트라도는 필리핀이 미국의 연방이 되는 것을 목표로 하기도 하였다. 태프트는 '필리핀인을 위한 필리핀'

이라는 구호 아래 두 명의 필리핀인이 필리핀을 대표해 미국 의회에 참석하게 하였다.

농지 개혁도 이루어졌다. 이 시기 진보적인 관리자들은 농촌 지역 분쟁의 원인이 토지라는 것을 깨닫고 1903년 토지 등록 제도를 도입하고 토지를 경작자에게 팔도록 하는 법을 통과시켰다. 그러나 문맹인 농민들은 자신들이 경작하던 농지를 획득하는 데 실패하고, 오히려 대지주들이 소유 토지를 확장하는 결과를 낳았다.

1907년 인구 조사 후 필리핀 의회를 구성하기 위한 선거가 이루어졌다. 사무실이 있고 매년 미화 15달러를 세금으로 내며 영어 또는 스페인어 문자 해독이 가능한 남성만 투표할 수 있었다. 이는 전체 인구의 오직 6퍼센트에만 해당되었다. 당선된 의원들은 인종적으로는 다양했으나 대부분 스페인화된 필리핀 엘리트들로서, 마닐라나 그 주변 또는 스페인에서 공부하였고 직업은 주로 변호사였다.

정치적 독립이 실현될 것이 예상되는 가운데, 1916년의 '존스 법'에 따라 필리핀 엘리트들에게 정부를 운영할 기회가 주어지고 양원제 의회도 도입되었다. 이 법에 따라 모든 공직자 지명권은 필리핀 상원이 갖고, 총독은 입법 과정에서 거부권만 있었다.

문자를 해득하는 남성에게만 선거권이 인정되기는 마찬가지였으나 재산 규정이 앞선 선거 때보다 완화되어 유권자 수가 확대되었다.

독립을 갈망하는 필리핀인 외에, 필리핀의 독립에 찬성하는 미국인들도 있었다. 이들은 필리핀 농산물 수입에 반대하는 농장주들, 필리핀 이민자들에 반대하는 노동자들, 그리고 반제국주의자들이었다. 그들은 필리핀의 저명한 정치인 오스메냐와 록사스가 독립 임무를 띠고 미국을 방문하였을 때 이들을 지원하였다.

1933년에는 필리핀의 독립일을 정한 법이 미국 상원에서 통과되어, 10년에 걸쳐 필리핀에 자치 정부를 수립하고 1946년 7월 4일 독립시키기로 하였다. 그러나 필리핀에서 케손이 필리핀 입법부를 설득하여 독립안을 거절하도록 하였다. 그는 미국으로 가서 더 나은 독립안을 얻어 내려 했지만, 그 결과 통과된 타이딩스·맥더피법은 사실상 앞의 법과 비슷한 내용이었다.

1935년 11월 15일 독립 과도 정부인 필리핀 자치 정부가 수립되고 케손이 초대 대통령에 취임하였다. 필리핀 방어를 위해 필리핀 초대 미군 총독의 아들인 더글라스 맥아더 장군을 초빙하였지만, 일본군이 필리핀을 침공하자 미군은 참패하고 만다. 맥아더는 후에 한국 전쟁 때 유엔군을 지휘하고 인천 상륙 작전을 성공시킨다.

미국은 필리핀을 지배하면서 1901년부터 무상 초등 교육을 도입하였다. 600명의 미국인이 교사로 필리핀에 상륙하였다. 교육자들은 필리핀인이 부패하고 타락했다고 전제하고 민주주의, 정직, 산업, 스포츠 정신, 애국주의 등 미국적인 가치를 가르쳐야 한다고 생각하였다. 영어가 교육 언어가 되면서 필리핀 전체의 공용어가 되었다. 미국의 모델에 따라 교사 교육을 위한 전문대학과 필리핀 국립대학이 계획되었다. 이어서 간호사 교육 기관, 예술 및 무역학교, 농업학교 등이 생겨났다. 필리핀 위원회가 세정한 법에 따라 자치 정부는 미국에서 의학, 교육, 법을 공부하는 수백 명의 학생들에게 매년 장학금을 지급하였다. 공부를 마치고 필리핀에 돌아온 그들은 미국을 식민 정권이 아닌 후원자로 여겼다. 미국은 또한 위생 정책을 도입하여 예방 접종 및 각종 위생 교육을 실시하고 병원을 세웠다.

저항 운동

필리핀의 엘리트들이 미국 주도의 민주주의 실험에 적극 동참할 때, 한편에서 다른 이들은 저항하였다.

1901년부터 1913년 사이에 혁명가들은 게릴라 전쟁을 수행하였다. 카피투난 혁명군은 계속하여 마을을 점령하고 산으로 숨어들었다. 미군은 현지인들과 게릴라 사이의 연결을 끊기 위해 마을 주민들을 다른 곳으로 이동시켜 감시하였다. 반란군 지도자 사카이는 정부, 의회, 국기가 있는 필리핀 공화국을 세웠으나 붙잡혀 1907년 처형되었다.

한편 필리핀 남부와 인도네시아 북부에 걸친 술루 제도에 위치한 술루 술탄국은 1899년 미국의 필리핀 지배를 인정하고 술루 술탄국의 자치와 민다나오섬에서의 권위를 인정받았다. 그러나 1904년 미국이 기존의 조약을 폐지하여, 민다나오섬은 술루 술탄국에서 분리되어 미국의 지배를 받게 되었다. 무슬림들은 이에 반발하여 1913년까지 미국과 유혈 게릴라 전투를 벌이며 저항하였다.

노동자 및 농민 계층에서도 불만이 커져 갔다. 일루스트라도는 민족주의 운동에 초기 노동자 조직을 활용하였다. 그러나 정당 정치에 참여하는 문제로 노동자 집단은 분열되었다. 1913년 노동 운동 지도자들은 필리핀 노동조합을 결성하였고, 1919년에는 필리핀 소작농연합이 결성되었다. 운동의 지도자들이 차츰 급진화되면서 필리핀 노동당이 창당되었다. 노동당은 중국 및 브뤼셀에서 열린 동방 피압박민족연합에 참가하고, 러시아의 제 3 인터내셔널에도 가입하였다. 1929년에는 필리핀 노동조합에서 한 집단이 분리되어 1930년 공산당을 창당하였다.

1930년 조직된 사카달('고발') 운동이 특히 널리 지지를 받았다. 사카달은 같은 이름의 신문도 발행하여 기독교회와 정부를 맹렬히 비난하였다. 그들은 선거를 통해 의회에 진입하고 지사직 등에도 진출하였다. 마침내 1935년 사카달이 일으킨 반란에 농민 6만 명이 가담하였다. 그러나 그들의 시도는 현대 무기 앞에서 실패하여 농민 57명이 죽고 500명이 투옥되었다. 그럼에도 1935~40년에 노동자와 농민들의 더 많은 파업과 시위가 일어났다.

그 밖에 기독교를 바탕으로 한 저항 운동도 있었다.

독립 후의 정치 상황

필리핀도 일본군의 침략을 피할 수 없었다. 일본은 맥아더의 미군을 패퇴시키고 1942년 1월 마닐라를 점령하였다.

1945년까지 필리핀을 통치한 일본의 전시 정책은 억압과 탈미국화에 집중되었다. 군 경찰이 많은 사람들을 체포하고 언론을 탄압하였으며 특히 외국 라디오 방송을 듣지 못하도록 하였다. 미국적인 가치들은 배제되고 일본의 대동아 공영권에서 필리핀인의 역할을 강조하는 방향의 교육이 실시되었다.

1943년 10월 일본의 지원을 받는 괴뢰 정부인 필리핀 공화국이 성립되었다. 공화국과 일본은 정치, 경제, 군사 등 부분에서 긴밀한 협조를 약속하였다. 그러나 1943년 말부터 식량이 부족해지고 경제, 사회적인 상황이 악화된 데다, 필리핀인 종군 위안부 문제까지 불거지기 시작하였다. 좌파 성향의 후크발랍('항일 연합군')과 감옥에서 탈출한 미국 지배 시기의 군 장교들이 게릴라전에 가담하였다.

1944년 맥아더가 필리핀으로 돌아와 1945년 2월 마닐라를 수복하였다. 망명 중이던 필리핀 자치 정부도 돌아왔다. 1946년 선거에서 로사스가 대통령에 당선되고, 전쟁 전에 계획한 일정대로 1946년 7월 필리핀은 독립하였다. 그러나 전후 처리 과정에서, 일본에 저항했던 후크발랍은 무장 해제되고 체포된 반면 일본에 협력했던 이들은 사면되었다. 계속되는 탄압과 체포로 후크발랍이 반란을 일으켰으나 미군의 개입으로 진압되었다. 미국은 벨법을 통해 필리핀과 일정 기간 자유 무역을 보장하고, 필리핀에서 미군의 자산을 보호하였으며, 군 기지 협정을 통해 필리핀에 99년간 미군 부대를 상주시키기로 하였다.

1948년 선거에서 퀴리노, 1953년 선거에서 막사이사이, 1957년 가르사이, 1961년 마카파갈이 차례로 대통령이 되면서 필리핀 정치는 민주적 발전의 과정을 걷는 듯 보였다. 특히 막사이사이는 대통령에 대한 국민들의 신뢰를 세워 나가면서 빈곤을 완화하기 위한 정책들을 세워 나갔다.

그러나 이들의 뒤를 이어 1965년 마르코스가 대통령이 되었을 때, 필리핀의 경제는 거의 파산 직전일 정도로 악화된 상태였다. 마르코스는 농촌 발전 전략을 도입하여 관개 시설을 개선하고 기술적 혁신 및 도로 공사 등을 시작하였다. 그럼에도 루손섬 중부에서는 후크발랍이 다시 수면 위로 나왔고, 기존의 공산당('필리핀 공산당-1930'이라고 부름)에서 분리된 새로운 필리핀 공산당이 창당하여 활동을 시작하였다. 또한 민주주의를 주창하는 학생과 농민들의 시위, 경찰의 강제 해산으로 나라는 더욱 혼란스러워져 갔다. 마르코스에 반대하는 세력들이 부상하자, 마르코스는 미국 등의 지지를 등에 업고 1972년 9월 계엄령을 선포하고 선출된 정부를 해산하였다.

마르코스의 독재는 1986년까지 이어졌다. 마르코스 독재 아래에서 군인들과 정권에 긴밀히 협조하는 과학 기술 분야 전문가들이 정부를 이끌어 갔다. 미국의 금융 원조도 마르코스의 독재가 지속되는 데 일조하였다. 경제적으로 필리핀은 발전하는 듯 보였지만, 부는 마르코스와 그의 측근들만 향유하였다.

태국
입헌 군주와 군사 정부의 동거

태국 왕정과 사회 변화

서구의 식민 지배를 겪지 않은 태국의 역사는 다른 동남아시아 국가와 달리 외부적인 요인보다 내부적인 요인에 의해 결정되었다. 이 시기 태국의 문제들은 다른 동남아시아 국가들이 독립 후에 직면한 문제들과 비슷하였다.

20세기 태국의 역사는 1932년 발생한 쿠데타를 기점으로 앞뒤로 나뉜다. 이 쿠데타로 태국의 정치 체제는 절대왕정에서 입헌 군주제로 변화하였기 때문이다.

식민지가 아니었던 태국에서도 민족주의는 등장하였다. 쭐라롱꼰의 아들로서 1910년 즉위한 라마 6세는 재위 기간 동안 민족주의를 추구하였다. 라마 6세는 해외에서 교육받고 왕위에 오른 첫 번째 태국 왕이었다. 영국 옥스퍼드 대학교에서 법학 학위를 받은 그는 준군사 조직인 스아빠('야생 호랑이')를 창설하면서 창설 연설에서 국가와 불교와 국왕을 지키고 국민의 단결을 강화할 것을 강조하였다. 그러나 왕이 스아빠를 적극적으로 후원하자 불만을 가진 군이 1912년 쿠데타를 일으키기도 하였다.

라마 6세는 특히 문화적인 측면에서 민족주의를 추구하였다. 그는 불교를 부흥시키고 교육을 장려하였다. 그는 열정적인 민족주의자였으나, 그에게 국가의 중심은 어디까지나 왕실이었다. 그는 개혁을 추구하였으나 민족 공동체를 강화하는 데는 크게 기여하지 못하였다. 이는 서양의 영향을 크게 받은 태국인들과 동화되지 못한 중국인들을 타이 민족 공동체에서 배제하였기 때문이다. 그는 중국인들이 정착한 나라에 충성심이 부족하고 동화되려 노력하지 않는다고 비난하였다.

이 시기 태국 사회는 복잡하게 변화하고 있었다. 토지가 점점 더 중요한 자산이 되어, 왕실과 힘 있는 귀족은 방콕 지역에 대규모 토지를 소유하였다. 이 지역의 농민들은 보통 소작농이었는데 때때로 지주와 이들 사이에 분쟁이 발생하곤 하였다. 지배 계층과 대규모 농장 소유주들은 태국인이었으나, 금융 부문의 엘리트는 거의 중국인이었다. 자급자족 중심의 농업이 쌀 수출 농업으로 전환되는 것은 중국인 집단에게 좋은 기회였다. 중국 기업들은 싱가포르와 페낭에 있는 다른 중국인 기업들과 연계하여 쌀을 수출하면서 태국의 경제력을 장악해 갔다.

1925년 라마 6세가 죽자 그의 막내동생인 라마 7세가 즉위하였다. 그는 선왕대로부터 물려받은 정치적, 경제적 위기에 직면하였다. 라마 7세는 왕실의 예산을 삭감하고 비교적 소박한 생활을 하였다. 그도 쭐라롱꼰이 했던 것처럼 정부의 주요 요직을 왕자들로 채우고 왕실 고문위원회를 만들었다. 그러나 이러한 결정은 군과 관리 집단 모두의 불만을 샀다. 여기에 세계적인 대공황까지 발생하자, 이미 세계 경제에 밀접하게 편입되어 있던 태국도 큰 영향을 받게 되었다. 신문들은 라마 7세의 통치를 비판하였고, 헌법과 의회 그리고 개혁에 대한 논의가 이어졌다. 라마 7세는 헌법과 태국 정부를 제한적인 범위나마 민주적으로 바꾸는 방안을 구상하였으나, 최고위원회의 보수적인 왕실 인사들에 의해 거부되었다.

입헌 군주제 전환

1920년대 방콕에서는 관료, 군인 장교, 변호사, 기자와 교사 등 중산층이 성장하고 있었다. 그들은 귀족 출신은 아니지만 영국 등 해외에서 공부하였다. 중산층은 특권과 부를 장악하고 있는 왕실과 귀족에 반감을 보이고 더 많은 권력과 지위를 얻기를 열망하였다.

그러던 중 대공황으로 예산과 월급이 삭감되자, 1932년 군인 장교들과 변호사 등 전문직 종사자들이 쿠데타를 일으켰다. 그들은 탱크로 왕궁을 포위하고, 사상자 없는 무혈 쿠데타로 권력을 장악하였다. 당시 태국 남부에 있던 라마 7세가 돌아와 입헌 군주제에 동의하고 임시 헌법을 반포하였다. 이로써 태국 왕실은 국가적, 문화적 정체성을 유지하는 상징적 의미만을 지니게 되었다.

쿠데타 세력은 인민당을 조직하고 스스로 민족주의자로 부르며 위기의 시대에 국가를 강화하고자 하였다. 곧 인민당 정부 내에서 파벌이 생기면서 1933년 다시 군 쿠데타가 일어나 권력이 민간에서 군으로 이동하였다. 이후 왕정주의자들 역시 쿠데타를 시도하였으나 실패하여, 1934년 라마 7세가 퇴위하고 영국으로 망명하고 열 살인 조카가 라마 8세로 즉위하였다. 라마 8세는 즉위 후에도 교육을 이유로 유럽으로 돌아가 계속 머물렀다.

군 지도자들은 1930년대 민족주의적 정책에 따라 정부를 운영하였다. 그러던 중 1938년, 태국의 현대사에 큰 영향을 끼치게 될 피분이 총리가 되었다. 태국이 의회 민주주의를 전면적으로 받아들일 준비가 안 되어 있다고 판단한 피분은 반대파를 숙청하고 많은 사람들을 체포하고 재판하였다. 정부와 피분을 제거하기 위한 음모가 실제 몇 차례 있기는 하였으나, 어떤 암살 음모는 조작된 것으로, 반대파를 숙청하는 명분으로 이용되었다. 피분은 또한 파시즘을 추구하여 스스로 '지도자'로 부르며 추종을 강요하였다. 일본과 일본의 군국주의를 추앙하여, 제2차 세계대전이 발발했을 때 일본과 동맹을 맺는 잘못된 선택을 하기도 하였다.

피분은 범타이주의를 지지하여, 태국의 국경 밖에 있는 타이어를 말하는 사람들 모두가 태국의 지배 아래 한 국가로 통합되어야 한다고 생각하였다. 특히 프랑스에 빼앗긴 캄보디아와 라오스를 회복해야 한다고 생각하였지만, 사실 캄보디아인은 타이인과 종족적으로 연관이 없다. 피분은 1930년대 후반에 국명을 타일랜드('자유인의 땅')로 바꾸었다. 타일랜드라는 국명은 두 가지를 의미하였다. 첫째는 모든 타이 인종이 포함되어야 한다는 것,

둘째는 타이가 아닌 사람은 이 나라에 속하지 않는다는 의미이다. 이는 그전까지 문화적인 면에서 존재해 온 타이 민족의 정체성을 보다 정치적으로 강조한 것이었다. 피분은 타이가 문명화되어야 한다고 여겼고, 서양의 문화가 문명화와 근대화를 대표한다고 여겼다. 그의 민족주의는 경제적인 측면에서도 강조되어, 중국인의 이민을 방지하고 태국인 사업가들을 장려하였다. 또한 서양 열강과 재협상하여 치외법권과 불공정 관세를 철폐하였다.

1941년 일본군이 태국에 진입하자 피분은 저항을 즉시 멈추고 일본과 협정을 맺었다. 이어 다음 해 일본의 동맹국으로서 연합군에 선전 포고하였다. 그러나 일본의 항복으로 전쟁이 끝나자 태국은 어려운 외교적 상황에 직면하게 됐다. 태국은 패전국 대우를 받지 않고 연합국의 선처를 받을 수 있도록, 전쟁 중 태국이 점령했던 말레이와 샨의 영토들을 자발적으로 반납하고 캄보디아와 라오스의 영토들을 프랑스에 돌려주었다.

1944년부터 1947년까지 쁘리디가 정권을 장악하였다. 이 시기에 다수 정당이 설립되고 라마 8세도 유학을 마치고 돌아와 태국 정치에 민주화의 희망이 무르익는 듯하였다. 그러나 1946년에 왕이 의문의 죽음을 맞고, 곧이어 쁘리디도 실각하였다.

쿠데타와 군부 독재의 악순환

태국 현대사의 가장 두드러진 특징 중 하나가 잦은 쿠데타이다. 쿠데타가 연이어 일어나면서 반대파가 제거되고, 민주적인 개혁은 무효화되고, 의회 시스템은 정지되기 일쑤였다.

1947년 보수적인 인사들과 군이 연합하여 쿠데타를 일으켜 정권이 군의 손에 들어가게 되었다. 이후 1970년대의 3년을 제외하고 군정이 지속되었다. 1957년까지는 피분을 총리로 하고 군의 사릿 제독과 경찰 수장인 파오가 권력을 나누었다가, 사릿이 1957년 쿠데타를 일으켜 1963년 죽을 때까지 권력을 독점하였다. 사릿 사후 그의 뒤를 이어 타놈과 프라팟이 1973년까지 군부 독재를 실시하였다.

1973년 학생들이 이끄는 시위에 시민 수만 명이 거리로 뛰쳐나와 참여하면서 군부 독재는 무너지게 되었다. 그러나 짧았던 방콕의 봄은 1976년 타마삿 대학교에서 학생들이 학살당하고 군부 쿠데타가 다시 일어나면서 막을 내렸다. 1985년에 민간 정부가 회복되고 눈부신 경제 발전을 이루기도 했으나 1991년과 2006년에도 쿠데타와 민정 회복이 거듭되었고, 2014년 쿠데타 이후 현재까지 군정이 지속되고 있다.

27

말레이 연방 탄생, 싱가포르 독립

말라야 민족주의의 발전

영국의 지배는 말라야를 사회, 경제적으로 완전히 변화시켰다. 무엇보다 인구 구성에서 중국인과 인도인이 마침내 원주민인 말레인들보다 더 많아졌다. 1931년까지 중국인이 전체 말레이 인구의 40퍼센트, 인도인이 14퍼센트를 각각 차지하였다. 다양한 인종이 섞여 함께 살았으나 단일한 공동체로 결합되지는 못하였다. 각 인종 집단은 자기네 문화, 종교, 언어와 관습을 대체로 유지하며 살았다.

영국은 다양한 공동체들을 그 공동체의 지도자를 통해 통치하였다. 예를 들면 말레이인은 말레이 귀족이, 중국인은 부유한 무역상이, 인도인은 교역상과 전문가들이 각각 자신의 민족 공동체를 이끌었다. 그 결과 말레이는 세 개의 커다란 민족 공동체로 분리되었고, 이는 후일 국가적 사회적 연합을 이루는 과정에 큰 영향을 끼치게 되었다. 말레이 지식인들은 점차 중국인 이민자들이 말레이의 문화를 압도하게 될까 걱정하였다. 이후 말레이시아의 개혁은 중국인들과의 경쟁에서 말레이인들을 강하게 만드는 데 집중하게 된다.

영국은 이러한 사회적인 분열에는 큰 관심을 두지 않았다. 그들의 목적은 말라야로부터 자원을 얻는 것이었다. 경제 발전은 말레이반도 서부 해안을 따라 이루어졌는데, 여기에서는 후추, 담배, 기름야자 그리고 고무가 대부분 플랜테이션 방식으로 재배되었다. 주석과 고무는 말라야의 가장 중요한 수출품이 되었다. 주석은 유럽과 북아메리카로 운반되어 가정용품, 캔, 음식과 기름통 등을 만드는 데 사용되었다. 영국은 세금 정책을 통해 말라야 마을들이 환금 작물을 재배하도록 장려하였다. 말레이시아의 마을들이 세계 경제에 편입되면서 전통적인 자급자족 경제가 사라져 갔다.

영국은 말라야와 보르네오에까지 지배권을 확장하면서도, 자치를 누리는 여러 말레이 왕국들을 하나의 통일된 국가로 만들지는 않았다. 1874년부터 제1차 세계대전까지 사이에 영국에게는 말라야에서 행정적인 통일과 효율을 추구해야 할 급박한 필요도 없었다. 그러나 1차대전 이후 중동에서 반식민 정서가 퍼져나가자 영국도 말라야의 이슬람 지배자들을 의식하기 시작하였다.

영국은 해협 식민지와 말레이국 연방의 유대 관계를 강화하고자 하였다. 당시 해협 식민지와 말레이국 연방은 수출 중심의 경제에서 각각 중요한 역할을 담당하며 번영하고 서로 경쟁 관계에 있었으므로 이 일은 쉽지 않았다. 두 차례 세계대전 사이에 영국은 종래 말레이국 연방에 속하지 않던 5개의 말레이 국가들(케다, 켈란탄, 페를리스, 트렝가누, 조호르)을 연방에 포함시키는 안을 검토하였으나, 비말레이국 연방 국가들은 과도한 중앙집권화를 두려워하여 합류를 거부하였다. 결국 1930년대까지 영국의 정책은 비중앙집권화로 전환하여, 말레이국 연방 내에서 말레이인들에게 권력을 양도하기 시작하였다. 그러나 중앙집권화된 말라야를 만들려는 영국의 노력은 계속되었다.

말레이인들은 각자 자기 지역의 술탄국에 충성하였기에 한 국가에 속한다는 소속감을 갖지 못하였다. 비록 민족주의 개념은 없었지만, 말레이인들이 동시대 다른 지역에서 이루어진 정치 발전에서 완전히 소외되어 있던 것은 아니다. 20세기 초, 중동의 이슬람 근대화 운동의 영향으로 말레이인들의 정치적 의식이 각성되었다. 말레이와 수마트라 출신 학생들이 메카나 이집트의 알아즈하르에서 개혁 사상을 배우고 돌아와 신문과 잡지를 통해 이슬람의 가르침을 전파하였다. 그들은 이슬람의 진정한 교리를 따르지 않는다며 말레이의 후진성을 비난하기도 하였다. 또한 서구식 교육을 받을 것을 말레이인들에게 촉구하였다. 1920년대 중엽에 이르러 말라야의 이슬람 근대화 운동은 보다 정치적인 색채를 띠게 되었다. 그러나 이들의 운동은 대중적인 지지를 얻지는 못하였다.

양차 대전 사이에 막 싹튼 말레이 민족주의는 인도네시아 민족주의의 좌파 경향과 공산주의의 영향을 함께 받았다. 일부 말레이 학생들은 수하르토의 인도네시아 민족당의 혁명 사상의 영향을 받았고, 인도네시아 공산주의자들과 접촉하기도 하였다. 대(大)말레이시아라는 이념에 자극을 받은 이들은 청년 말레이 연합을 조직하였다. 보수적인 엘리트 계층 역시 말레이의 사회적, 경제적 후진성과 비말레이인의 존재를 위협으로 간주하였다. 특히 대공황 이후 말레이인들은 이민자들과 일자리를 놓고 경쟁해야 하는 상황이 되었다. 말레이인들은 자신들의 정치 기구를 조직해야 함을 깨달았지만, 각 술탄국별로 지역주의가 여전히 강하여, 일본의 침략 전까지는 통일된 조직이 생겨나지 않았다.

이민자 조직과 정치의식

한편 20세기 초까지 말라야의 화교들 대부분은 중국의 정치 발전에 관심을 쏟지 않았다. 그러나 신해혁명 이후 중국의 정치 발전을 보면서 화교들의 정치의식도 높아져 갔다. 중국의 국가 지도자나 정치인들이 말라야를 방문하기도 했는데, 그중에는 캉유웨이와 쑨원도 있었다.

1937년 중일전쟁이 발발하면서 중국 중심의 민족주의가 말라야의 화교 집단에서 더욱 강해졌다. 쑨원이 국민당을 창당하였을 때 말라야에도 지부가 건설되었고, 중국에서 국민당이 공산당과 합작하였을 때는 공산주의적 요소들이 말레이 지부에도 소개되었다. 공산당이 말레이 국민당 지부에 침투하면서 영국 정부는 말라야 국민당의 활동을 금지하기에 이른다.

말라야 공산당(MCP)은 폭력과 혁명적 투쟁을 통한 공산주의 말라야 건설을 목적으로 하였다. 공산당은 여러 차례 노동 파업을 주도하고, 반란 등으로 영국의 지배를 위협하였다. 제2차 세계대전이 발발하자 말라야 공산당은 영국의 제국주의를 부정하고 영국의 식민 지배를 몰아내고자 하였다. 말라야 공산당에는 압도적으로 중국인 당원이 많았는데, 이는 다른 민족 집단들을 끌어들이지 못하는 원인이 되었다. 또한 그들의 폭력적인 반식민 운동은 보수적인 중국인들의 지지도 받지 못하였다.

한편 인도인들도 인도 본토의 정치 발전에 영향을 받아 말라야 중앙인도인회를 조직하였다. 인도의 독립 운동 지도자 네루가 말라야를 방문하면서 인도인의 정치적 의식은 더 커져 갔다. 그러나 일본의 침략 이전에는 인종, 정치, 경제적 차이를 넘어 말라야 전체를 포괄하는 민족주의 운동은 발생하지 않았다.

말라야 연방의 탄생과 독립

말라야는 국제법적으로 주권을 가진 독립 국가였고, 오직 해협 식민지만이 영국에 속하였다. 더구나 영국은 말라야 지배에 자신감을 가지고 있었고, 말라야 내부적으로 볼 때도 영국의 기존 지배에 급히 변화를 추구하게 만드는 반발이나 압력도 없었다. 그러나 제2차 세계대전이 발발하고 철옹성이라 여겼던 싱가포르가 일본에 점령당하면서 영국은 굴욕적으로 말라야에서 퇴각하였다. 이 사건은 영국이 약해져 가고 있는 자신들의 식민 권력을 재고하며 말라야의 탈식민지화를 고려하게 하는 계기가 되었다.

2차대전이 끝나고 1945년 9월 영국은 말라야에 돌아오면서, 말레이의 9개 주와 싱가포르를 제외한 두 개의 해협 식민지를 통합하여 하나의 중앙집권 국가를 세우는 안을 가지고 왔다. 이 안은 공통의 말레이 연합 시민을 형성하고, 중국인을 포함한 비말레이인들도 여기 포함시킬 것을 제안하였다. 그러나 일본의 말라야 점령과 인종별로 다른 대우를 받아 온 관행 때문에 말라야 내 인종들 간에는 의심과 불신이 한껏 고조되어 있었다. 1946년 조직된 연합 말레이 국민조직(UMNO)은 말라야 연방에 반대하는 운동을 시작하였고, 대규모 시위와 비협조 등이 뒤따랐다. 인도인들 역사 말라야 인도 정당(MIC)을 만들어 정치 세력화에 나섰다.

지난한 물밑 협상 끝에 마침내 1948년 2월 말라야 연방이 성립하여, 다인종 시민을 가진 중앙집권 국가가 탄생하였다. 그러나 그해 말라야 공산당이 이끄는 무장 반란(일명 '비상사태')이 발생하면서, 반란 진압이 최우선 문제가 되었다. 본래 영국은 1948년 말라야 연방을 성립시킨 후 25년의 과도기를 거쳐 독립시키고자 하였지만, 무장 반란이 일어나고 영국의 다른 식민지들도 잇따라 독립하게 되면서 이 기간을 단축시키기로 하였다.

1949년 설립된 말레이 중국인 연합과 UMNO가 연합하여 동맹당을 만들고 1955년 선거에서 압도적인 승리를 거두었다. UMNO를 이끄는 툰쿠 압둘 라만은 독립 시기를 더 당겨 줄 것을 영국에 요청했고, 마침내 1957년 8월 31일 연방 국가 말레이시아가 완전한 독립을 이루었다.

도시국가 싱가포르의 독립

말레이시아 독립 후에도 싱가포르와 보르네오섬에 있는 영국의 식민지들(사라왁, 북보르네오, 브루나이)은 여전히 영국의 지배 하에 남아 있었다. 당초 영국은 싱가포르 역시 말라야 연방에 합류시켜 독립시킬 것을 구상하였다. 그러나 중국계 인구가 압도적인 싱가포르까지 연방에 합류하게 되면 말라야 전체에서 중국계 인구가 다수가 될 것이 뻔하였다. 그래서 말라야가 반발하여 싱가포르는 일단 말라야 연방에서 배제되었다.

싱가포르에서 전후 반식민 운동을 이끈 것은 중국계 인구가 다수를 차지한 말라야 공산당이었다. 그들의 주도 하에 대규모 노동자 파업이 일어났으나, 이러한 활동들은 영국의 지배에 도전할 만큼의 영향력은 없었다. 1955년 선거에서는 좌파 전선이 승리했으나, 1959년부터 싱가포르의 정국은 리콴유가 이끄는 인민행동당(PAP)이 주도하게 되었다. 영국은 싱가포르가 홀로 독립해서 살아남기에는 너무 작고 약하다고 생각했고, PAP의 리더들도 이에 동의하면서 말라야 연방에 합류하는 것을 추진하였다. 그러나 이번에도 말라야 연방은 싱가포르만 받을 경우 중국계 인구가 너무 많아지는 것을 두려워하여, 영국 지배 하에 있는 보르네오섬의 영토까지 함께 합병할 것을 제안하였다.

여러 차례 협상 끝에 마침내 1963년 9월 말라야 연방에 싱가포르, 사라왁, 북보르네오(지금은 사바로 이름이 바뀌었다)가 말레이시아에 합류하였다. 브루나이만 연방에 합류하지 않고 영국의 보호령으로 남았다가 1984년 1월 1일 주권을 회복하고 독립하였다.

싱가포르는 쿠알라룸푸르의 말레이시아 정부와 선거, 인종, 세금 등 문제에서 사사건건 충돌하다가, 연방 합류 2년 만인 1965년 8월에 독립하여 그들만의 국가를 이루었다. 리콴유가 이끌었던 인민행동당이 지금도 여당으로서 싱가포르 정국을 이끌고 있다.

21세기의 동남아시아, 세계 그리고 한국

태국에서 시작된 금융위기와 IMF, 그리고 한국

1997년 7월 2일 태국 정부가 그동안 인위적으로 유지해 오던 미 달러에 대한 태국 바트의 고정 환율을 해제하였다. 그 결과 바트화가 폭락하고 해외 자본이 국외로 빠져나가면서, 동남아시아 전체를 휩쓴 아시아 금융위기가 시작되었다. 곧 국제통화기금(IMF)이 태국에 도착하였고, 제약 없는 자본의 이동을 주장하였다. 이후 외국의 금융 기관과 투자자들이 급격히 자본을 회수하면서 미국 달러 대비 태국 바트의 가치는 50퍼센트 이하로 하락하였다.

태국발 금융위기는 인도네시아에서 더 심각한 결과를 가져와서, 1998년 미국 달러 대비 인도네시아 루피의 가치는 전년도의 15퍼센트까지 폭락하였다. 인도네시아의 거의 모든 현대 산업이 붕괴되었고, 중산층의 저축은 허공으로 사라졌으며, 수백만 명의 근로자가 직장을 잃었다. 이는 인도네시아 정치에도 지대한 영향을 끼쳐, 무려 30여 년간 장기 집권한 수하르토 대통령의 정권이 붕괴되기에 이르렀다.

동남아시아 국가 중 가장 큰 경제 발전을 이룬 태국, 인도네시아, 말레이시아 모두 통화 가치가 폭락하는 가운데, 태국과 인도네시아는 국제기구에 도움을 요청할 수밖에 없었지만 말레이시아만은 IMF의 개입을 거절하고 통화 반출을 통제하는 길을 택했다. 말레이시아는 14개월간 이 통제를 지속했는데, 이 방식이 성공할 수 있었던 데는 말레이시아가 태국과 인도네시아보다 은행 시스템이 잘되어 있고 해외 부채가 적다는 점도 작용하였다.

필리핀은 앞의 세 나라보다 충격이 덜했는데, 해외 투자자들의 관심과 투자가 비교적 적었고 경제가 덜 발전했기 때문이었다. 동남아시아의 가장 가난한 국가들인 미얀마, 캄보디아, 라오스도 마찬가지로 외국 투자자들에게 매력 있는 투자처가 아니어서 아시아 금융위기의 충격도 상대적으로 적었다. 베트남은 여전히 강력한 외환 통제 정책을 실시하고 있었기에 금융위기에 큰 영향을 받지 않았다. 브루나이는 엄청난 석유 매장량이 국가 경제를 받쳐 주었기에 국민의 세금 없이 경제를 운영하고 있었고 모기지론의 이자 부담도 없었기에 영향을 피해 갈 수 있었다.

많은 사람이 기억하고 있듯이, 태국에서 시작된 금융위기의 영향은 곧바로 한국에도 상륙하였다. 동남아시아 사태에 놀란 외국 투자자들과 금융 기관들이 한국에서도 투자한 자본을 급격히 회수하기 시작하였다. 다른 동남아시아 국가들과 마찬가지로 미국 달러 대비 원화 가치도 거의 50퍼센트 폭락하였다. 한국 정부는 외환이 바닥나 다른 나라에서 빌린 돈을 갚기 위해 IMF의 긴급 자금에 손을 벌릴 수밖에 없었고, 그러기 위해 IMF의 요구 조건을 받아들이고 관리를 받게 되었다.

당시 경제 위기와 함께 국제기구의 관리에 따르면서 한국인이 경험한 경제적 어려움과 참담한 마음은 동남아시아에서도 마찬가지였다. 한국에서 금 모으기 운동을 벌이면서 이를 대한제국 말기 국채 보상 운동의 일환처럼 생각했듯이, 많은 동남아시아인들도 IMF의 관리를 받는 것은 경제 주권을 잃고 서양에 의존하게 만드는 조치라고 생각하였다.

당시 한국의 금융위기는 태국 바트화의 폭락에서 시작되었지만, 사실 이 위기는 그동안 급격한 경제 발전을 이룩하면서 쌓여온 여러 가지 경제 문제들이 함께 터지면서 생긴 것이었다. 정도나 성격에는 좀 차이가 있지만 동남아시아에서도 마찬가지였다. 독립 이후 국가를 건설하고 경제를 발전시키면서 쌓여 온 경제 문제들이 발전의 빛에 가리워 보이지 않다가 일시에 터져 나온 것이었다.

1990년대 이후의 성장과 그늘

1990년대에 대부분의 동남아시아 국가들은 그전에 경험하지 못했던 놀라운 경제 발전을 이루었다. 동남아시아 여러 국가들에서 빈곤이 줄어들고 교육은 확장되었으며 중산층이 성장하였고 도시화되었다. 우리나라와 마찬가지로 동남아시아 역시 세계경제와 긴밀히 연관되었고, 이러한 세계화가 어떤 측면에서는 아시아 금융위기와, 그 위기가 다른 아시아 국가들로 급속히 확산한 원인이 되었다.

특히 태국은 동남아시아 경제 발전의 선두에 선 국가였다. 중공업과 국제 금융이 발전하였고, 방콕을 중심으로 부동산 산업도 급속히 성장하였다. 소비도 진작되어 각종 전자제품이 시골

구석구석에까지 퍼져 갔다. 사실 1990년대 태국의 급격한 경제적 성장은 상당 부분 시장 원리에 의한 것이 아니라 인위적으로 조정된 태국 바트화와 국제 금융의 확대로 인한 것이었다. 특히 태국의 금융 산업은 정치적, 사업적 이익에 따라 움직였고, 정부의 감독과 규제가 제대로 이루어지지 않았다. 1997년 금융위기로 인해 그동안 왜곡되어 있던 바트화 가치가 실제 가치에 가깝게 조정되었고, 그 결과 많은 회사가 도산하였다. 금융위기로 인해 차왈릿 용차이웃 총리가 물러나고 신망 높은 추안 릭파이가 새 총리가 되었다.

2001년 선거에서 탁신 친나왓이 만든 새 정당인 타이락타이당이 크게 승리하면서 탁신이 총리가 되고, 2006년에 군 쿠데타로 실각할 때까지 정부를 이끌었다. 중국계 화교 출신으로 거대통신회사의 사장인 탁신은 여러 가지 면에서 논란을 일으킨 정치 지도자이기도 하다. 특히 농민층과 빈민층을 위한 정책을 많이 도입하여 큰 인기를 얻었다. 그가 실각한 후에도 그의 지지자들이 빨간 셔츠를 입고 시위를 벌이기도 하였는데 이들을 레드셔츠, 탁신에 반대하는 기존의 엘리트 및 도시 중산층들은 옐로셔츠라고 부른다. 실각 후에도 북동부 지역 농민과 빈곤층 사이에서는 여전히 탁신의 인기가 커서, 탁신의 여동생 잉락 칭나왓이 2011년 총리로 선출될 수 있었다. 그러나 잉락 역시 2014년 군사 쿠데타로 실각하였다.

1990년대 태국의 흥미로운 발전 중의 하나는 민간단체(NGO)의 성장이다. 태국의 NGO들은 1970년대 3년간의 짧은 민주 정부 시기에 형성되었고, 1988년 민간 정부가 회복되면서 다시 활발히 활동하기 시작하였다. 그들은 특히 댐 건설이나 대규모의 상업적인 삼림 개간 등 농촌 지역의 현안들에 대해 적극적으로 목소리를 내면서 정부 주도의 사회 경제 정책에 의문을 제기하였다.

인도네시아 역시 1990년대에 큰 경제 성장을 이루었다. 특히 1995년에는 8퍼센트, 1996년에는 7.5퍼센트, 그리고 1997년에는 8퍼센트 가까이 경제가 성장하였다. 총 인구도 크게 증가하고 중산층도 성장하였다. 그러나 인도네시아의 국내 이자율이 높았기에 많은 회사들이 이자가 더 싼 해외 자본을 빌려오면서 해외 부채가 쌓여 갔다. 이 해외 부채가 1997~98년 경제 위기의 주원인이 되었다. 해외 투자도 활발하여, 인도네시아의 경제는 동남아시아의 떠오르는 거인이라고 불릴 정도였다. 30여 년간 정권을 잡은 수하르토 일가와 측근들은 엄청난 부를 누렸다. 정치 지도자 주변의 이러한 부패가 지금까지도 인도네시아에서 정치, 사회적으로 큰 문제를 일으키는 요소이다.

1997년 동남아시아 전역을 강타한 경제 위기로 인도네시아의 경제도 거의 붕괴될 지경에 이르렀다. 수하르토가 1998년 5월에 퇴진하고 하비비가 17개월간 대통령직을 담당하며 개혁을 이끌었다. 그러나 이 시기 인도네시아에서는 인종 간, 종교 간 갈등이 심화되었다. 기독교도와 무슬림의 충돌로 말루쿠 지역에서 수천 명의 사망자가 발생하였다. 2000년대 들어서는 이슬람의 영향을 받은 의용군이 조직되어 2000년 크리스마스 전날 기독교인을 겨냥한 폭탄 테러가 11개 도시에서 발생하였다. 미군의 아프가니스탄 침공이 인도네시아의 무슬림들을 자극하여 극단주의자들의 저항도 시작되었다. 2002년에는 발리의 관광지에서 두 건의 폭탄 테러가 발생하여 외국인 관광객을 포함해 총 202명의 사망자가 발생하였고 이후에도 지속적인 폭탄 테러가 자카르타와 발리에서 발생하였다. 다행히 인도네시아 정부는 이러한 극단주의에 단호하고 효과적으로 대처하였고, 많은 인도네시아의 무슬림들 역시 극단주의에 등을 돌렸다.

한편 분리 독립이 진행되던 동티모르에서는 유엔의 지원 아래 치러진 국민투표에서 78.5퍼센트가 독립을 찬성하였으나, 인도네시아 군대가 침공하여 1,300명 넘는 동티모르인이 사망하는 사태가 발생하였다. 이에 유엔 평화유지군이 파견되어 치안을 확보하고 평화로운 정권 이양을 도왔는데 한국에서도 상록수부대가 평화유지군으로 파견되어 활동하였다. 마침내 2002년 21세기 최초의 독립 국가 동티모르가 탄생하였다.

1999년 4월 인도네시아는 무려 40여 년 만에 처음으로 자유 총선거를 실시하여, 초대 대통령 수카르노의 딸인 메가와티 수카르노푸트리의 정당이 승리를 거두었다. 메가와티는 부통령이 되었다가 와힛 대통령이 탄핵으로 물러나자 2001년부터 2004년까지 대통령직을 수행하였다. 이 시기 인도네시아는 중앙에 집중되었던 권력을 지방으로 분산시키기 시작하였다. 2004년에는 인도네시아 역사상 처음으로 대통령과 부통령이 선거에서 직접 선거를 통해 당선되었다.

21세기 초 인도네시아에서는 끔찍한 자연재해가 몇 차례 발생하였는데, 특히 2004년 12월 아체 앞바다에서 발생한 진도 9.1의 지진과 그로 인한 쓰나미로 약 20만 명이 사망하는 대참사가 일어났다. 아체는 인도네시아의 독립 후 특별 구역으로 편입되어 1970년대부터 자유아체운동(GMA)의 지도 하에 독립을 위해 저항하고 있었다. 2003년까지 반란군의 투쟁이 계속되었으나, 2004년 쓰나미의 참혹한 피해를 계기로 GMA가 항쟁을 멈추고 인도네시아 정부와 평화 협정을 맺으면서 전쟁은 막을 내리고, 2005년 아체는 특별자치주의 지위를 받게 되었다.

1969년 시작된 말레이시아의 '신경제정책'은 사회경제적으로 큰 변화를 일으켰다. 도시화가 진척되고 사람들은 더 나은 교육을 받았으며 경제적으로도 큰 발전을 이루어 도시 중산층이 성장하고 빈곤층이 크게 감소하였다. 말레이계 인구가 크게 증가하여 전체 인구의 60퍼센트에 달하게 되었다. 말레이 정부는 '부미푸트라' 정책을 펼쳐 말레이계를 우대하고, 말레이계와 중국, 인도계 사이의 빈부 격차를 해결하고자 하였다. 그러나 한편으로는 이미 인종적으로 복잡한 사회였던 말레이시아에 남아시아, 인도네시아, 태국 및 필리핀에서 노동자들이 유입되어 건설 현장과 플랜테이션 농장들에 투입되면서 더욱 다양한 인종들이 함께 거주하는 사회가 되었다.

영국과의 독립 협상 시기부터 말레이시아 정치를 주도한 통일 말레이 국민조직(UMNO)은 이 시기부터 보수적인 말레이시아 이슬람 정당(PAS)의 도전에 직면하기 시작하였다. 이 시기 이슬람은 인도네시아에서뿐 아니라 말레이시아에서도 영향력이 크게 확대되었고, 정치적 영향력도 커져 갔다. UMNO는 이슬람의 적극적인 주창자가 되어 정치를 주도하고자 1982년 이슬람 운동가 안와르 이브라힘을 영입하였다. 그는 1993년 부총리에까지 이르렀으나 1998년 갑자기 부패와 동성애 혐의로 고발되어 투옥되었다. 이후 그는 구속과 석방을 몇 차례 반복하다가 2008년 선거를 승리로 이끌었다.

2009년부터 말레이시아 총리직을 수행한 나집 라작이 2018년 선거에서 패배하고 6조 원대의 초대형 국부 펀드 부패 혐의로 기소되었다. 전 총리였던 마하티르가 야당으로 돌아와 2018년 안와르와 연합하였다. 안와르는 2022년 연정을 통해 선거에서 승리하면서 말레이시아의 총리가 되었다.

도시국가 싱가포르는 1990년대에도 지속적으로 경제 발전과 세계에서 손꼽히는 현대 도시로의 발전을 이룩하였다. 정치적으로 반대 목소리를 내는 데는 여전히 제한이 있지만, 대부분의 인구는 인민행동당(PAP) 정부가 주는 안정성을 지지하였다. 그런 가운데 1990년대 싱가포르는 정치적으로 큰 변환기를 맞이하였다. 1959년부터 PAP와 싱가포르 정부를 이끌어 온 리콴유 총리가 1990년 10월에 물러나고 고촉통이 그의 뒤를 이었다. 아시아 금융위기와 그 후 점진적인 경제 회복기에도 PAP는 건재하였고, 리콴유의 아들인 리셴룽이 부총리에 이어 2004년 총리에 올라 지금까지 싱가포르를 이끌고 있다. 리콴유는 2004년까지는 '싱가포르 선임장관'으로, 2011년까지는 '싱가포르 고문장관'으로 정부의 자료를 열람하고 자문에 응하는 역할을 담당하였다.

필리핀에서는 1986년 '피플 파워'라 불리는 민중 혁명으로 마르코스의 독재 정치가 무너지고, 마르코스 독재를 비판하다 1983년에 암살된 베니그노 아키노의 부인 코라손 아키노가 1987년 대통령이 되어 1992년까지 재임하였다. 아키노는 농업 독점을 폐지하고 관세를 낮추고 수입 제한을 폐지하는 등 자유주의 경제 정책을 실행하였다. 또한 국민투표를 실시하여 새로운 헌법을 만들고 대통령의 임기를 6년 단임제로 제한하는 등 민주화의 토대를 마련하였다. 그러나 경제 성장은 지속적이지 못했고, 정부 재정의 많은 부분이 부채를 통해 충당되었다. 적자 폭이 더욱 커진 데다 지진, 화산 분출과 홍수 등 자연재해까지 빈발하면서 국가 경제가 더욱 악화되었다.

그다음 대통령인 피델 라모스가 재임한 1998년까지 필리핀에서는 민주화가 더욱 확대되어, 지방으로 권력이 분산되고 NGO

의 활동도 활발하였다. 이러한 지방분권 덕에 요즘 한국인들의 여행지로 각광 받는 세부가 크게 발전할 수 있었다. 라모스는 IMF와 세계은행의 조언에 따라 경제 자유화 정책을 도입하고 규제를 철폐하고, 통신 산업 등 공기업을 민영화하고 외국인 투자를 적극적으로 유치하고, 사회 기반 시설을 확충하였다. 그 결과 필리핀은 1994년부터 1996년까지 평균 6퍼센트의 경제성장을 이룩하였고 실업률은 감소하였다.

필리핀에서는 아시아 금융위기의 타격이 이웃 국가들에 비해 적었지만, 경제 성장은 둔화되고 자본이 유출되었으며 실업률은 증가하였다. 페소화 가치가 절하되었지만 다행히 극심한 인플레이션을 겪지는 않았다. 이는 태국의 사업가들과 달리 필리핀 사업가들과 금융가들은 상대적으로 보수적인 투자 전략을 가지고 있어서 거품 경제 성장이 없었던 덕이다.

다음 대통령인 에스트라다는 마약 밀수와 불법 도박에 가담한 것이 밝혀져 탄핵되고, 글로리아 아로요 대통령이 에스트라다의 남은 임기를 채운 뒤 대통령 선거에서 승리하여 2010년까지 재임하였다. 아로요는 소매업 자유화와 해외 필리핀 노동자의 송금 등으로 경제 발전에 어느 정도 기여하였으나, 2004년 대통령 선거 당시 불법 선거 의혹, 대통령 가족들의 부패 혐의 등으로

2006년에 대규모 반정부 시위가 발생하기도 하였다.

사회주의에서 개방 경제로

공산화된 베트남은 정치 체제는 유지한 채 경제 개혁을 추구하는 중국의 모델을 따르기로 결정하고, 1986년에 개혁 개방 정책(도이머이)을 채택하였다. 도이머이를 통해 베트남은 점차 시장 경제 체제로 나아가면서 경제적 개혁을 추진하였다. 보다 자유로운 외국인 투자법이 제정되고, 집단 농장이 해체되었으며, 국가 주도의 사업체를 줄여 나갔다.

이 시기 베트남의 외교 관계에도 큰 변화가 있었다. 소련 및 동구권과 오랜 시간 동안 지속되어 온 우호 관계의 시대가 냉전 종식과 함께 막을 내리고, 1989년 캄보디아에서 군대를 철수시키면서 베트남은 새로운 국제 관계의 시대를 열었다. 베트남은 주변국과의 외교 관계를 개선하기로 결정하여, 1991년 중국·베트남 국교 정상화에 이어 1992년 한국, 1995년에는 미국과 국교를 정상화하고 같은 해에 아세안에 정식 가입하였다.

1994년 마침내 베트남은 외국인 투자자에게 문을 열었고, 외국 문화가 급격히 베트남에 들어왔다. 특히 서방과 한국, 일본 문화가 음악과 텔레비전 프로그램을 통해 큰 인기를 끌었다. 관광이 확대되고 제조업과 수출도 증가하여 1990년대에 매년 8퍼센트에 가까운 경제 성장을 이루었다.

1997년 레 카 피에우가 도 무어이에 이어 공산당 서기장으로서 베트남 정치를 이끌게 되었다. 그러나 만연한 정부 부패와 아시아 금융위기의 영향으로 경제 성장이 둔화되며 21세기 초 대규모 시위를 촉발시켰다. 이에 당 최고지도부는 농 득 마인을 새로운 공산당 서기장으로 선출하고, 부패를 척결하기 위한 조치를 취하고 경제를 더 자유화하는 데 박차를 가하였다. 그 결과 베트남의 경제 성장이 다시 촉진되었고, 2007년에는 세계 무역 기구(WTO)의 150번째 회원국으로 가입하였다.

라오스 역시 1980년대에 베트남의 도이머이와 같은 '신사고' 경제 정책을 수립하여, 외국 무역과 외국인 투자에 문호를 개방하고 국가 주도의 계획과 정부 보조를 줄이고자 하였다. 그러나 베트남에 비해 천연자원도 적고 숙련된 노동력도 제공할 수 없었기에 외국인 투자를 유치하는 데는 한계가 있었다. 라오스의 주요 수출품은 수력 발전에 의한 전력이지만 이마저 주로 태국으로 수출되는 등, 라오스 경제는 여전히 태국 의존도가 높다.

캄보디아 역사에서 1975년부터 1978년까지가 가장 비극적이고 폭력적인 시기였다. 크메르 루주는 본래 베트남에 의해 훈련받았으나 베트남의 의도에 대한 의심은 커져 갔다. 캄푸치아 정권은 베트남에 대해서도 계속해서 공격적인 정책을 취하였는데, 이것이 베트남을 자극하여 1978년 12월 베트남이 캄보디아를 침공하였다. 민주 캄푸치아 정권은 태국으로 망명하고 베트남의 괴뢰 정권(캄푸치아 인민공화국)이 들어서고 1979년에는 친베트남적인 캄푸치아 민주공화국이 성립되었다. 베트남의 지도 하에 폴 포트 이전 시대처럼 학교가 다시 열리고, 여행과 거주 이전의 자유도 회복되어 도시로 인구가 다시 모여들었다.

캄보디아 국민들은 초기에는 베트남을 해방자로 환영하였으나 곧 베트남에 대한 오래된 반감이 다시 나타났다. 태국과 캄보디아 국경에는 여러 정파의 정치인들이 망명하여 여러 집단이 생겨났다. 농촌 지역에서는 크메르 루주에 의해 조직된 게릴라전이 지속되었다. 베트남이 1989년 캄보디아에서 철수하면서 여러 정파들이 돌아와 평화 협정을 맺고 선거를 통해 정부를 구성하기로 하였다. 우여곡절 끝에 1993년 유엔의 감시 하에 총선거를 실시하였는데, 이것이 캄보디아 역사상 최초의 자유, 공정 선거였다.

1993년 캄보디아 왕국이 다시 성립하고 시아누크가 왕으로 돌아왔다. 1997년 훈센 총리가 쿠데타를 일으켜 자신의 정치적 파트너였던 노로돔 라나리드를 물러나게 하고 1인 정권을 공고화하여 현재까지 총리 직을 수행하고 있다.

네 윈과 버마 사회주의계획당(BSPP)이 통치한 1980년대 말 버마는 세계에서 가장 가난한 나라가 되었다. 정부의 부패와 정책 실패로 국내 경제 활동의 많은 부분이 암시장을 통해 이루어졌다. 세계의 대표적인 쌀 수출 국가였던 버마가 쌀 부족을 겪게 될 정도였다. 1987년 말에는 반정부 시위가 주요 도시들에서 널리 퍼져 갔고, 1988년 봄과 여름에는 민주화를 요구하는 학생 주도의 시위가 확산되었다. 버마 정부는 폭력적인 방법으로 시위를 진입하여 수백 명의 시위대가 사망하고(1만 명이 사망했다는 추정도 있다) 수천 명이 투옥되었다.

정국 불안정 속에 네 윈이 당 대표에서 물러나고, 여전히 혼란스러운 정국에서 새로운 인물들이 떠올랐다. 아웅 산의 딸 아웅 산 수 치가 가택 연금된 어려운 상황에서도 민주주의 민족동맹(NLD)을 이끌고 1990년 총선에서 승리하였다. 그러나 군사 정부는 선거 결과를 무효화하고 아웅 산 수 치는 다시 가택 연금에 처해졌다. 군사 정부는 1989년 국명을 버마에서 미얀마(버마 연방이라는 뜻)으로 바꾸었는데, 국내의 반대파와 국제 사회 여러 나라에서는 군사 정부가 바꾼 새로운 국명을 인정하는 것을 거부하여 지금도 서방의 많은 국가들은 미얀마 대신 여전히 버마로 부른다.

악화일로로 치닫던 버마 경제는 1988년 반정부 시위의 폭력적 진압으로 국제 사회의 제재가 지속되어 더욱 악화되었다. 1997년에는 미국을 비롯한 여러 국가의 신규 투자가 전면 금지되었는데, 이러한 고립 정책의 반사 효과로 아시아 금융위기가 버마 경제에는 직접적인 영향을 미치지 못하였다. 한편 이 시기에 버마와 중국 국경 근처에서 50년간 분리 독립 전쟁을 지속해 온 여러 소수 민족들이 정전에 합의하였다.

수 치 여사는 가택 연금과 해제를 되풀이하다 마침내 2010년에 최종적으로 연금이 해제되었고, 버마 민주화에 기여한 공로로 1991년 노벨 평화상을, 2002년에는 유네스코 인권상을 수상하였다. 가택 연금에서 해제되고 보궐 선거에서 당선되고 이웃 국가들을 방문하는 등 정치 활동을 재개하였다. 2015년 미얀마 역사상 최초의 다당제 총선에서 수 치 여사가 이끄는 NLD가 다수당이 되었다. 수 치 여사는 외국 국적의 남편과 자녀를 두어 헌법상 대통령직에는 오를 수 없기에 국가자문역(총리 역할)을 맡았다.

수 치 여사는 여러 가지 사안 중 20개에 달하는 국내 무장 단체들과의 평화 협정을 위해 노력하였다. 그러나 수 치 여사와 미얀마 정부는 미얀마의 무슬림 소수 민족인 로힝야족 처우 문제로 국제적으로 큰 비판을 받았다. 2016년과 2017년 로힝야족에 대한 폭력적인 군사 작전으로 많은 로힝야족이 삶의 터전을 잃고 이웃 국가 난민촌에서 살게 되었다.

2021년 2월의 군사 쿠데타로 현재까지 다시 군이 미얀마의 정권을 장악하고 있다.

잠재적인 위협 요소들

동남아시아 각국은 대체로 인종적으로 주종족과 여러 소수 민족으로 이루어져 있다. 이 소수 민족들은 민족적으로뿐만 아니라 종교, 언어, 문화적으로도 주종족과 다른 점이 많다. 일부는 분리 독립을 추구하며 때로 무장 항쟁을 벌이기 때문에 지금까지도 각국의 잠재적인 위협 요소가 되고 있다. 위에서 보았듯이 버마에는 20개에 달하는 무장 단체들이 각기 독립을 꾀하며 반군으로 활동하고 있다. 필리핀과 태국 남부의 이슬람권에서도 무슬림 무장 단체들이 저항하며 때로는 정전 협약을 맺었다가 다시 무장 반란이나 폭탄 테러를 일으키는 등 잠재적인 위협이 되고 있다. 인도네시아에서는 기독교도와 무슬림 사이의 충돌 외에도, 나라가 460개의 자치 지역으로 구성되어 있어서 어디서든 독립 시도가 생겨날 수 있다. 앞에서 보았듯이 그중 동티모르가 21세기 초에 실제로 독립을 이루기도 하였다.

태국, 말레이시아, 필리핀, 인도네시아는 자유 민주주의 국가이지만 여전히 민주주의에 대한 위협이 도사리고 있다. 정치적 반대파를 압박하기 위한 대규모 군중 동원이 필리핀과 태국에서 여러 차례 있었는데, 때로는 이것이 국가 안정을 위협할 수도 있었다. 태국에서는 레드 셔츠와 옐로 셔츠의 충돌에 왕이 개입하면서 혼란을 잠재울 수 있었지만, 이는 태국 왕실의 특별한 영향력 덕분에 가능한 것이다. 필리핀과 인도네시아에는 정당이 너무 많아서 상대적으로 안정적인 정당 정치가 이루어지지 못하고 있는 실정이다. 말레이시아에서는 인종을 기반으로 한 정당들이 현재까지 정치를 주도하고 있다.

권력 남용 및 부정부패도 동남아시아 정치의 큰 문제점이다. 태국, 인도네시아, 말레이시아, 필리핀의 선거 및 정치인들의 측실 인사, 금권 정치는 정치의 불안 요소로 작용하고 있다. 미얀마, 베트남, 라오스 캄보디아에서는 독재 또는 일당 정치가 여전히 깊이 뿌리내리고 있으며, 민주주의 국가인 인도네시아와 태국, 필리핀도 정국이 혼란스러워지면 군사 쿠데타가 일어날 가능성이 존재한다.

동남아시아의 세계화와 지역화

동남아시아는 지리상의 위치 덕에 세계의 다양한 문화권과 접하면서 역동적으로 발전해 왔다. 일찍부터 세계화의 흐름 속에 있었다고 할 수 있다. 세계의 주요 문화권들인 인도, 중국, 이슬람, 기독교 문화가 모두 동남아시아에 수용되어 영향을 끼쳤다. 외래문화들은 서로, 또 기존의 문화와 경쟁하였고, 기존의 문화를 잠식하기도 하였다.

동남아시아 사람들은 외래문화를 그들의 필요와 상황에 맞게 받아들였고, 기존의 문화와 융합하여 자신들의 문화로 만들어 냈다. 예를 들면 필리핀은 동남아시아에서 가장 큰 기독교(가톨릭과 개신교를 통칭) 국가이지만, 예수의 수난 등 기독교의 주요 주제들이 필리핀 토착 문화와 결합하여 다른 나라들의 기독교와 다른 모습을 보여 준다. 인도네시아 역시 세계에서 가장 많은 이슬람 인구가 있는 나라이지만 인도네시아의 무슬림들은 이슬람 교리를 자신의 지역 문화와 결합한 '아방안'이라고 하여, 엄격하게 율법을 따르는 무슬림과 구별된다. 인도네시아와 말레이시아에서는 보다 근본적으로 이슬람 교리를 따르려는 운동도 활발하기는 하다. 불교는 발상지인 인도에서는 힘을 잃었지만 대륙부 동남아시아에서는 여전히 사회의 구심점으로서 강력한 영향력을 발휘하고 있다.

동남아시아 국가들은 지리적, 문화적, 정치적으로 많은 역사적 경험을 공유하고 있다. 이들은 국가의 성립 초기 인도 문화의 영향을 받고, 이슬람교를 접했으며, 태국을 제외하고는 서양의 식민 지배를 받았다는 공통된 역사적 경험이 있다. 또한 일찍이 해양 무역이 발달해 세계 각국의 상인들과 교류하였고, 커다란 중국 화교 공동체들이 오늘날까지 큰 영향을 미치고 있다. 열대 기후와 쌀농사를 바탕으로 한 삶의 양식과 세계관에도 많은 공통점들이 있다. 아세안 결성 이후로는 정치적으로 한 지역으로서 목소리를 내면서 단일 정치·경제 공동체를 향해 나아가고 있다.

그러나 여러 가지 공통된 경험과 문화적 공통점에도 불구하고, 동남아시아의 각 나라는 자기네 고유의 문화와 역사를 간직하고 있다. 우선, 외부 세계 및 문화에 대한 반응과 그 후의 역사적 발전이 나라마다 판이하였다. 인도네시아와 말레이시아 모두 이슬람이 주요 종교이지만, 말레이시아는 이슬람이 국교인 데 비해 인도네시아는 그렇지 않다. 대륙부 동남아시아 국가들은 모두 불교를 받아들였고 불교가 삶에서 중요한 부분이지만, 미얀마와 라오스는 사회주의 체제를 오랫동안 유지한 반면 태국은 다른 역사적 발전을 경험하였다. 베트남 역시 대륙부 동남아시아에 속하지만 상좌 불교보다 대승 불교와 유교가 발전하였다.

동남아시아 역사 전체를 관통해 온 역동성과 세계화는 현대에 이르러서도 지속되고 있다. 1990년대 이후 동남아시아 각국은 아시아 금융위기 및 경제 개혁, 국내 정치 불안정과 부패, 독립 시도와 영토 분쟁 등을 겪고 있다. 또 한국 문화가 커다란 대중적 인기를 끄는 것도 동남아시아 전체가 공유하는 두드러진 문화 현상 중 하나이다. 동남아시아 각국은 각자의 역사적 경험과 문화를 바탕으로 자신만의 방식을 찾으며 동시에 세계화의 흐름을 따라서 발전을 추구하고 있다.

그렇기에 동남아시아를 그 전체로서 이해함과 동시에, 개별 국가의 고유성을 존중하고 이해해야 할 것이다. 같은 동아시아에 속한 한국, 일본, 중국이 많은 문화적 공통점에도 불구하고 서로 판이하게 다른 특징들 역시 가지고 있는 것처럼 말이다.

참고문헌

1. 국내 서적

김형종 외, 『고등학교 세계사』, 금성출판사, 2013.

밀턴 오스본, 조흥국 옮김, 『한 권에 담은 동남아시아의 역사』, 오름, 2000.

신윤환, 『동남아문화 산책』, 창비, 2008.

양승윤 외, 『동남아-중국관계론』, 한국외국어대학교 출판부, 2003.

_____, 『동남아의 이슬람』, 한국외국어대학교 출판부, 2007.

_____, 『동남아-인도관계론』, 한국외국어대학교 출판부, 2009.

_____, 『인도네시아사』, 한국외국어대학교 출판부, 2012.

유인선, 『새로 쓴 베트남의 역사』, 이산, 2002.

인하대학교 한국학연구소, 『한국과 베트남 사신, 북경에서 만나다: 창화시 연
    구』, 소명출판, 2013.

조흥국, 『한국과 동남아시아 교류사』, 소나무, 2009.

주경철, 『대항해시대』, 서울대학교 출판문화원, 2010.

최병욱, 『동남아시아사: 전통 시대』, 산인, 2015.

2. 국외 서적

Encyclopedia Britannica.

Hall, D. G. E., *A History of South-East Asia*, Macmillan, 1981.

Hall, Kenneth R., *A History of Early Southeast Asia*, Rowman & Littlefield, 2011.

Hannigan, Tim, *A Brief History of Indonesia*, Tuttle, 2015

Liberman, Victor, *Strange Parallels: Southeast Asia in Global Context, c.800-1830*, Cambridge University Press, 2009.

Lockard, Craig, *Southeast Aisa in World History*, Oxford University Press, 2009.

Ricklefs, M. C., ed., *A New Hisotry of Southeast Asia*, Palgrave Macmillan, 2010.

Scott, James C., *The Art of Not Being Governed*, Yale University Press, 2009.

Tarling, Nicholas, *The Cambridge History of Southeast Asia*, Cambridge University Press, 1993.

Taylor, K. W., *A Hitory of the Vietnamese*, Cambridge University Press, 2013.

생각하는 힘-세계사컬렉션 16

동남아시아의 역사

성큼 가까워진 이웃

펴낸날	**초판 1쇄 2024년 2월 5일**

지은이	**황은실**
펴낸이	**심만수**
펴낸곳	**㈜살림출판사**
출판등록	**1989년 11월 1일 제9-210호**

주소	**경기도 파주시 광인사길 30**
전화	**031-955-1350**　　팩스　**031-624-1356**
홈페이지	**http://www.sallimbooks.com**
이메일	**book@sallimbooks.com**

ISBN	**978-89-522-4806-0　04900**
	978-89-522-4808-4　04900 (세트)